中國
關鍵七問

憂思者的訪談

陳宜中

目次

憂思者的思考：

《中國關鍵七問》序

錢永祥

　　當代中國充滿了難以調和的對比。它已經是世界強國之一，具備強大的政治、經濟、軍事實力；但它既無法管束自己官員的貪腐濫權，也尚未建立人民敢信任的統治秩序。它幫助許多人在一代之間從赤貧變成富有；但從飲食、交通、住房，到教育、醫療、退休養老，幾億人民必須每天地、無奈地、心力交瘁地保護自己，鑽營機會。它的憲法明言「工人階級領導，以工農聯盟為基礎」；不過中國工人沒有自己的工會，中國農民沒有農會，工農階級在黨內黨外均說不上任何領導角色和政治意義。它的體制自許「具有中國特色」，不跟隨既有的任何發展模式；不過除了維護黨國官僚集團（以及周圍的附庸）的獨占地位之外，你很難說這套體制還相信什麼、追求什麼、還有什麼理想與嚮往。

　　簡單言之，中國已經「崛起」，可是這個新生的龐大力量，並不清楚如何界定自己，也還在迷惘該以什麼面貌面對世界、面對自己的人民與土地。今天的中國強大到只舉得出「中國」這個符碼，其他的一切都有待摸索：這似乎是中國龐大身影所映照出的尷尬難局所在。

　　這種迷惘狀態，跟歷史上前一個階段適成對比。拿1900年的中國與2000年的中國對照，你約略可以看出這百年來中國發展的方向

與成就。有鑑於慘痛的周折與高昂的代價，如何界定、評價這些成就與方向，各方會有嚴重的歧見；不過看來明顯的是，百年前人們認定的目標是建立現代主權國家、建立現代社會、與滿足溫飽的民生經濟。這些工作已經基本完成，主導這些工作的國共兩黨的歷史角色也告一段落。但是接下來中國要如何發展、往什麼方向發展，今天的中國人其實並沒有答案。

《思想》自許為各地華人的共同知識刊物，自然關注中國之命運，更關注中國大陸的崛起代表什麼意義。中國的崛起是不是能帶出一股健康而正派的動力，在世界上推動人道與互助；是不是能夠給十數億境內以及周邊社會的人民帶來和平、安定、自在的生活，是我們所關心的根本問題。

在當下中國，有一些知識分子與異議者也在關注同樣的問題。他們親身經歷過幾十年來的大小風暴，仍設法維持獨立的心靈，縝密的思考，寬廣的視野，以及對民間疾苦的悲憫情懷。錢理群先生選用「知我者謂我心憂」作為他一本書的題名，多少形容了這批憂思者的自我定位。陳宜中先生先後邀請了其中多位，進行訪談。受訪者對於中國當前難局的來龍去脈、對於體制的沉疴、對於中國革命史的方向與病變、對於底層抗爭與平民百姓的遭遇，皆有嚴肅、深入的理解，他們的分析與呼籲自有參考價值。而訪談的對話形式既綜合呈現受訪者的整體觀點，又能在細節處流露出他們的風格與情操，自有其吸引人處。這些訪談陸續在《思想》發表之後，引起海峽兩岸的高度矚目，在網上流傳廣遠，也激發了不少爭論。我們認為這些重要的思考結晶有必要集結成書，一則便於流傳保存，二也是為了方便讀者在各篇訪談之間對觀參照，形成自己的判斷。

身為《思想》的總編輯，我要強調陳宜中先生在這整個訪談計畫中的樞紐貢獻。作為訪談者，他必須先深入了解當前中國大陸的

一般性問題;他也用心熟悉受訪者的經歷與著作,理解他們曾經提出的主張與論點;他本身更具備豐富精湛的理論與歷史素養,方能掌握整個對話的方向與結構。最重要的是,宜中扮演的始終不是一個消極的提問、記錄角色;相反,他是一位主動的**對話者**甚至於**挑戰者**,事先與受訪者磋商,界定訪談的主軸,設定議題,訪談中該追問處就追問,若是質疑、挑戰能逼出更周全的說法,那就不惜質疑、挑戰。總而言之,宜中設法讓受訪者以完整、系統的方式表達自己;他也用心設想讀者在場,幫讀者提出問題,讓讀者在閱讀時感受到訪談對話的真實與切題。

　　這次結集,限於篇幅,只收入了七篇訪談。但是宜中手裡尚有存稿,整個訪談計畫也會繼續進行,所以本書還將有續編。盼望這些訪談能持續地呈現與分析當下中國的重大問題,幫助中國尋找前路與遠景,讓中國的崛起不只是軍事、經濟的崛起,而能對人類做出更積極的貢獻。所謂的「大國崛起」必須提出、體現某一套普世價值:英國開創憲政與法治,法國高舉自由、平等、博愛,美國倡導民有、民治、民享,甚至蘇聯也宣揚過「無階級的社會」,彼時成為整個時代的嚮往所在,也織入了人類的共同文明史。(當然,這些大國崛起另有其黑暗的一面。)另一種強調特殊性、對抗性的崛起,如德國的「以文化對抗文明」,或是如日本的「超克現代」,則帶來了生靈塗炭、禍人禍己的後果。中國正面對歷史性的選擇,願本卷受訪者的諍言以及之後的其他訪談,能幫助中國——也幫助世界——找到理想的前進方向。

導言：
中國崛起之後

陳宜中

　　本書收錄了七篇當代中國思想訪談，受訪者分別是錢理群、秦暉、許紀霖、于建嶸、袁庾華、陳明、高放。這七篇訪談自2009年起陸續發表於《思想》季刊，引起兩岸知識界諸多迴響與討論。因此，我們決定集結成書，期能爲關切中國大陸發展的讀者(特別是台灣讀者)提供一組發人深省的中國參照。

　　這本訪談集以七位中國思想家及其思考爲焦點，深入探問他們對中國現況與未來的不同診斷。儘管思路各不相同，受訪者在論及中國的「富強崛起」(許紀霖語)或「富國強兵的國家主義的現代化道路」(錢理群語)時，皆有深刻的憂患意識。在中國崛起的脈絡下，這七篇「憂思者的訪談」構成一組尤具反思的中國讀本。

　　「同一個世界，同一個夢想」本是2008年北京奧運的口號，但在世人眼中，京奧的象徵意義實爲中國的崛起。自美國陷入金融危機後，「中國即將統治世界」的預言、欲望或警語，更甚囂塵上。「同一個世界，同一個夢想」言猶在耳，但就在短短幾年間，大陸內部強勢興起了一波視野狹隘的國家主義浪潮，不斷吹捧「中國模式」的獨特和美妙。正是在這樣的時代背景下，我們展開一系列的深度訪談。

　　我們期盼崛起的中國大陸在自身歷史與普世價值之間找到平

衡，成為負責任的世界大國，更期待中國政權公正地對待自己的人民，尤其必須保護弱勢者，包容異議者，並且理解港澳台灣的歷史來歷，尊重這幾個社會的不同發展經驗。《思想》總編輯錢永祥先生在本書序言中提到：「中國的崛起是不是能帶出一股健康而正派的動力，在世界上推動人道與互助；是不是能夠給十數億境內以及周邊社會的人民帶來和平、安定、自在的生活，是我們所關心的根本問題。」這也正是本系列訪談的初衷。

　　七篇訪談皆經反覆提問和再三修訂而成。進行的方式是先由我根據訪談錄音逐字稿，編寫出兩萬字左右的初稿，然後追加問題，請受訪者修改補充。每一篇訪談都經過半年以上的來回討論，最終由受訪者確認後才定稿並發表。

　　如此耗時費神的訪談，真的有價值嗎？身為這些訪談的提問人，我想藉此機會交代幾項可能的意義。

　　在中國大陸，言論審查和出版管制至今仍無鬆綁跡象，因此，本書的訪談無法以完整的面貌正式在大陸出版。《思想》提供了一個暢所欲言的園地，這本身正是一種言論自由的實踐。

　　訪談過程中，我也提醒受訪者，他們不只是對大陸讀者發言，更務必考量台灣讀者及其可能的質疑。在編輯過程中，我做了適度「翻譯」，盡量使用台灣讀者較熟悉的文字。

　　身為主要的提問人和訪談的編修者，我很自然而然地、也無可避免地帶有台灣的印記。在反覆的提問中，某種「台灣因素」無所不在。所謂「台灣因素」，簡單的說，就是從台灣的現實生活經驗出發，對於中國大陸有所關切與介入，也對它提出期盼與要求。由於事實上兩岸的人民休戚與共，歷史相互滲透，命運相互影響，我們不能不做為「參與者」（而非旁觀者）主動、正面地介入大陸知識界有關中國走向的論辯。本書的七篇訪談正是對話的起步，希望不

只提供了思想對接的橋樑，還能有「共促進步」的觸媒作用。

各篇訪談概要

錢理群先生是這個系列訪談中第一位受訪者。錢先生在北大執教期間，以魯迅和周作人研究著稱。2002年退休後，接連出版《拒絕遺忘》、《毛澤東時代和後毛澤東時代》等民間思想史鉅著。他在訪談中指出，自洋務運動以來，中國走的就是「富國強兵的國家主義的現代化道路」。中共建政後，先後經歷了三種不同的一黨專政模式，但始終邁不過一黨專政這一門檻；今日中國的兩極分化、生態破壞、精神倫理危機等，終須歸結於一黨專制和國家主義。此外，他強調魯迅的「立人」思想和國民性批判的當代意義：「中國的現代化一定要以立人為中心，要更關注人的個體生命的成長、自由、發展。」「只要中國人心不變、國民性不變，再好的制度到中國來，也仍然行不通。」他呼籲大陸知識分子積極爭取言論、出版和結社自由；在制度重建之外，還需要全面的文化重建、價值重建和生活重建。

早年，錢先生曾是文革的全程參與者，是造反到底的造反派。他後來對毛主義的反思批判，都同時也指向他自己。魯迅是他最主要的思想和精神資源，他立志繼承「魯迅的五四」，做為永遠站在平民一邊的「魯迅左翼」。在今日大陸的左右光譜上，錢先生是一位難以歸類的國寶級思想家。

秦暉先生也曾是文革期間的造反派。在1990年代的自由主義與新左派論爭中，他是自由主義的代表性人物之一。而在自由主義陣營中，他是最早提出「大分家中的公正問題」的論者，對鄧小平南巡後的「權貴私有化」持堅定的批判立場。按他的陳述，南巡後的

經濟改革是一種斯托雷平式的改革，一種專制分家；在俄羅斯，正
因爲此種分家方式太不公正，引發寡頭派和民粹派的惡鬥，也才使
1917年的十月革命成爲可能。不公正的專制分家，爲中國未來種下
了危險因子。如果不想付出推倒重來的社會代價，高稅收高福利的
二次分配(作爲矯正正義)也就無可迴避。

秦先生強調，贊成福利國家，須以這個國家是民主國家作爲前
提。民主福利國家的二次分配，關乎社會公正與公民基本權利。俾
斯麥式威權體制下的福利，只是皇恩浩蕩而已；在當前中國的專制
體制下，福利更經常淪爲一種負福利。因此，他闡發以「爲自由而
限權，爲福利而問責」作爲憲政左派與憲政右派的共同底線。他申
論：如果左派不爲政府擴權，而是積極追問其責任；如果右派不爲
政府卸責，而是努力制約其權力；那麼，中國就會逐漸趨近於權責
相符的憲政民主。

許紀霖先生把晚近的中國崛起界定爲一種「富強的崛起」。在
他看來，改革開放三十多年，中國僅實現了富強的崛起，還沒有實
現「文明的崛起」。受到富強崛起的鼓舞，大陸出現了一波鬼鬼祟
祟的國家主義政治神學。和昔日的德日法西斯相似，這是一種只有
明確的反抗客體(即「西方」)卻沒有主體的抵抗。如果這類國家主
義繼續與集權體制、與法家的富國強兵同流合污，恐將把民族拖向
無底深淵。唯有當國家理性受到現代啓蒙理性的制約，並與儒家的
人文傳統相結合，中國才可望實現文明的崛起，成爲普世文明的領
航者。

許先生不諱言，以中國的歷史傳統和大國地位，它勢將崛起爲
對周邊具支配力的帝國，而不僅是另一個民族國家而已。但徒具支
配力的強權並不可欲，唯有引領普世文明的大國才能得到全球尊
重。他指出，當前富強崛起的中國，只是一個自利性的、原子化的

個人主義社會，再加上政治上的威權主義。在此種霍布斯式的秩序下，沒有宗教，沒有道德，更沒有社會。中國之亂已經不是亂在表層，而是亂在心靈。沉痾已久，制度改革將只是治標的止血；當前中國危機是整體性的，非得從基礎上重建社會、重建倫理不可。在此，他多方面呼應了錢理群先生的憂慮。

于建嶸先生長期研究底層中國的維權抗爭，首創「剛性穩定」概念以界定維穩體制。近年來，由於他的「敢言」及其所依據的實證調查，他成為大陸著名的公共知識分子。出於《思想》的訪談要求，于先生首度較為系統性地交代了他的學思歷程和基本理念。他從幼年經驗談起，解釋他為何主張「個人權利至高無上，社會得先保護個人的權利才會有公共的利益。」他對中國當前的農民和工人抗爭，農會和工會問題，各種「群體性事件」及其動力等，有一套獨特的分類和理解。

于先生指出，中共的核心考量並不是經濟發展，而是政治權力的排他性。基於此，大陸的穩定主要是以「是否影響共產黨的政權穩定」為標準，這跟今日台灣非常不同。中共為了鞏固政權，把一切可以疏導壓力的管道都視為不穩定因素，這正是「剛性維穩」體制日新月異的根本原因。然而，他並不認為中共絕無可能改變，只是中共不會因為「理念」而改變，只會在強大的政治社會「壓力」下改變。對於中國大陸的政治變革，他持審慎的樂觀：「大陸會逐漸走向台灣的政治運作邏輯。」

在今日大陸的毛派或「毛左派」中，袁庚華先生是一位相當特殊的人物。初中後，他就到鄭州肉聯廠當工人，爾後成為河南省造反派的骨幹。1995年後，他參與鄭州沙龍的創建和經營。在訪談過程中，袁先生除了回顧他的造反派經歷外，亦對毛澤東和毛時代多所肯定。然而，他幾項主要的政治主張，卻與主流的毛左派有所差

異。當前以「烏有之鄉」作爲主要代表的大陸毛左派，尚未接受他「結合程序民主(含競爭的政黨政治)和大民主」的倡議。他呼籲中國政府同時平反文革造反派、六四分子和法輪功成員，並強調言論、出版和結社自由是全世界底層人民奮鬥出來的成果，一定要在中國實現。但時至今日，多數大陸左派仍視如此主張爲漢奸「引狼入室」的詭計。

訪談中，我屢次打斷袁先生，詢問他的見解是否爲今日大陸毛左派的主流意見，並請他闡發程序民主和大民主之不同，以及他何以主張兩者應相互結合。他表示，他的民主思路與大陸底層毛派群眾是相通的，只是部分毛左派尚未充分體認到結合程序民主之必要。值得一提的是，袁先生訪談在《思想》發表後，通過大陸網站的轉載，在毛左派內部引發了激烈的政治論辯。

1980年代初，牟宗三先生曾力主「第五個現代化」，要求台灣當局推動民主轉型。但在今日大陸，呼喚民主轉型的新儒家幾不可得。在大陸新儒家的代表性人物中，陳明先生屬於對自由民主有較多同情的一位。他在訪談中指出，台灣儒家之不談「儒教」，是因爲儒教在台灣的教化力量太大，所以不必這麼談。在大陸，儒門淡薄，社會基礎薄弱，因此，大陸新儒家提倡儒教作爲一種宗教。但他反對蔣慶、康曉光等論者「立儒教爲國教」的政教合一路線。他主張儒教在另外兩個方面進行努力：一是發展「作爲一個宗教的儒教」，爲儒教徒提供更充實的生死靈魂論述；第二，要立志把儒教建構爲「公民宗教」，爲中華國族提供跨族群的認同鋪墊。

陳先生表示，他不是文化民族論者或文化國家論者，也不是天下主義者。對外，他看重中國作爲國際現實下的一個利益主體。對內，他認爲在中華國族的構建過程中，儒教爭取「公民宗教」的功能和地位是可能的，甚至必要。「公民儒教」如何與憲政民主的權

利意識接軌，是他現階段的努力目標。

　　在這本訪談集中，最資深的受訪者是高放先生。他出生於同盟會家庭，1946年入北大政治系後，轉向了中共。1950年起執教於中國人民大學，受推崇爲國際共運和社會主義運動史的首席專家。文革後，他率先對「個人崇拜」提出批判，並於1988年擔任中國政治體制改革研究會副會長。1991年蘇聯解體後，他更不斷呼籲中共進行政治體制改革，以實現社會主義的民主自由。

　　高先生在訪談中表示，他不認爲多黨平等競爭目前是可行的，因爲中共絕不會接受。按中國憲法，省長需由民選產生，全國人民代表大會是最高權力機關。故而，只要把憲法理順，黨政分開，中國就可以邁向社會主義的民主自由。現階段尚不需要考慮到黨外，但要讓民主黨派壯大，要實施共產黨內的差額競選。他指出：當前的「中國模式」是四不像，唯有清理掉兩極分化的美國模式成分、嚴控思想言論的蘇聯模式成分、國營壟斷的歐盟模式成分，才能真正實現具中國特色的社會主義民主。

謝詞

　　最後，我特別要感謝聯經的發行人林載爵先生，和《思想》總編輯錢永祥先生。沒有他們長期的支持鼓勵，這些訪談不可能問世。也謹此向聯經的副總編輯胡金倫先生致謝。

　　在形成這七篇訪談的歷程中，多位台灣年輕朋友協助整理訪談錄音，另有二十幾位大陸朋友慷慨地提供建議和支援，謹在此一併致謝。

　　非常感激受訪的大陸前輩不厭其煩地容忍我不斷的提問和編輯要求，謹以此書向他們致敬。

拒絕遺忘

————錢理群訪談

錢理群

1939 年出生於重慶，父親為國民黨政府高級官員。
1949 年父親隨蔣介石遷台，錢理群與母親留在南京，從此一家未能團圓。

1956 年考上北京大學中文系，在北大親歷反右運動。
後來轉入人民大學新聞系，1960 年畢業後，分配到貴州安順的中等專業學校教書，一待 18 年。
文革期間響應毛主席號召，造反到底，從未當過一天逍遙派。

1971 年林彪事件後，開始反省文革；自許「民間馬克思主義者」，努力為社會主義尋找民主出路。
1978 年考上北大研究生，返回北京，決定以學術作為志業，致力於魯迅和周作人研究。

北大任教期間，寫有《心靈的探尋》、《與魯迅相遇》、
《周作人傳》、《豐富的痛苦：堂吉訶德和哈姆雷特的東移》、
《1948：天地玄黃》、《話說周氏兄弟》等研究周氏兄弟和現代知識分子精神史的著作。

2002 年退休後，再次走入民間，關注農村教育、中小學教育和青年志願者行動，同時從事民間思想史研究。
2007 年於香港出版的鉅著《拒絕遺忘：「1957 年學」研究筆記》，
刻劃出反右運動中「右派兄弟姐妹」鮮為人知的精神面貌。同年出版的《我的精神自傳》，
呈現出一位獨立思考的中國知識分子的堅持、掙扎和自我反省。
2009 年應邀到台灣講學，講授魯迅思想的當代意義。

2012 年出版《毛澤東和後毛澤東時代（1949-2009）：另一種歷史書寫》（聯經）。

一、從反右到文革

陳宜中（以下簡稱「陳」）：錢先生，您的家庭背景很特殊，您的父親跟蔣介石到了台灣，您和母親留在大陸。您對「解放前」的往事還有印象嗎？

錢理群（以下簡稱「錢」）：我有一個所謂解放前的記憶，就是中華民國後期的記憶。當時，我父親是國民黨的高級官員，我整個家族屬於上層社會。我爸跟胡適關係不錯，受家庭教育的影響，像民主自由這些基本的理念很小時候就滲透在我心裡。但是，國民黨後期的統治給我兩個印象：一個是專制；另一個就是屈從於美國。所以我對共產黨反國民黨獨裁專制，堅持維護民族獨立這些方面，是肯定的。對共產黨的革命，我並不持全盤否定的態度，這跟我的童年記憶有關，當然也跟我的魯迅研究有關。1949年解放後，我有個充滿光明的童年。我從讀中學到考上北大，都是比較順利的。

陳：光明的童年，是指南京時期？

錢：是1949到1956年，在南京讀中學。那段時期，整個社會空氣都比較樂觀向上。我是革命傳統培養起來的一代，有些精神上堅持的東西，比如說「反對一切對人的壓迫、奴役」，其實就是青少年時期革命教育的影響。如果你問我現在的價值理想是什麼，我還是會說：消滅一切人剝削人、人壓迫人、人奴役人的現象。對弱者的同情，也一向是我的關懷。這裡還有一種不大容易說清楚的精神氣質，比如關注大問題、大世界，而不是縮在很小的自我當中。還有它的理想性，一種青春激情，和為了自己的信念的犧牲精神，堅強毅力。在我看來，這些都是革命傳統對我的影響。

陳：您寫反右運動的《拒絕遺忘：「1957年學」研究筆記》（香

港牛津大學出版社，2007年）厚達五百頁。我想先請問您：1956年右派鳴放時，您在北大參與過右派活動嗎？

　　錢：在反右之前，大學裡是充滿理想主義色彩的。我那時的理想就是要當學者，所以整天埋頭讀書。剛開始「鳴放」的時候，我只是覺得非常好奇。當時的北大右派（今天看來，其實是真正的左派）發動了一個「社會主義民主運動」，對現實社會有比較尖銳的批判，而我當時是處在比較順利的情況下，對那些批判並不是很理解。但是因為我從小就有民主自由的觀念，我覺得應該讓他們說出來。就是西方的那個觀念：我不贊同你的見解，但是用生命保衛你說話的權利。那些右派言論我並不同意，或不完全同意，但我認為應該捍衛他們說話的權利。另外，他們提出的問題，比方說「已經出現了特權階級」，我覺得可能還不是那麼嚴重；但如果不及時改正的話，特權階級是可能出現的。我當時是這樣一個態度。我沒說一句話，也沒在大字報上簽過字，不然肯定是右派了。但我心裡是同情他們的，幾乎各場合我都在場，以一種有興趣的旁觀者眼光來看這一切。

　　陳：1957年反右之後呢？

　　錢：反右運動開始後，我很震驚，因為我總認為右派提出意見是好事。另外，我的大哥1954年剛從美國回來，他是學水利的，反右運動把他嚇壞了。我當時是共青團團員，黨說右派反黨反社會主義，黨這麼講我必須相信，於是贊成反右鬥爭。但是呢，我一直覺得反右有個弊病，就是會嚇壞知識分子，導致知識分子再也不敢講話。我的結論是：兩害相權取其輕，還是支持反右，但覺得它有弊病、有危險性。我的這個言論，當然不被接受。所以，我就被劃為「中右」。從那以後，我就成為一個被內部控制的、不斷被批判的對象。

　　我的大學畢業鑑定（這也是反右以後建立的大學畢業要進行政治鑑定的制度，這樣的政治鑑定是會決定人的一生命運的）是：「錢理群有系統的資產階級的自由民主博愛思想。」但是「認識得比較好」，就是說「改造得比較好」。這個鑑定說得沒錯，但我自己覺得非常痛苦。我發現我的思想一方面受西方影響，但我又是相信革命的。革命意識型態跟西方的民主自由觀念，在我身上打架，搞得很痛苦。

　　剛剛說到，革命的那一面，對我是有正面影響的。但後來，革命意識型態就越來越「左」了，它遏制思想自由，禁止獨立思考，強調絕對服從，要求權力高度集中，思想高度統一。反右之後，它就把人道主義思想、民主自由觀念，全當成資產階級意識型態批判掉、拋棄掉，想要重建一套「興無產階級思想，滅資產階級思想」的革命話語。這套革命話語帶有比較濃的專制主義色彩，便和我的民主自由觀念起了衝突。所以反右之後，我很矛盾、很痛苦。但我的取向，還是接受改造，就是盡量往那個方向去靠攏。大學畢業，我是想讀研究生的，但那時不允許讀了。當時毛澤東說「書讀得越多越蠢」，所以大學畢業時，領導對我說：錢理群，你就是書讀得太多太蠢了，你現在需要去改造，到實際工作中去接受考驗，不要再讀書了。我大學畢業先被分到作家協會，沒多久，作家協會因為精簡機構不需要人了，就把我重新分配到貴州去。1960年我一到貴州，就遇到了大災荒，接著就遇上文化大革命。

　　陳：您在貴州安順當老師，教的是高中生？

　　錢：教的是中等專業學校，先是衛生學校，後來是師範學校。大概因為我是北大培養出來的吧，有比較強的獨立思考能力，什麼問題都要問個「為什麼」，而且都有自己的見解，最後就跟基層幹部、學校領導發生了衝突。文化大革命前，我已經被他們整了。因

此，文革某種程度是我所期待的。反右運動後，確立了一條原則：黨的領導要落實到基層黨組織，和基層黨領導有不同意見，就是反黨，就是反革命。這樣就必然造成像我這種比較有獨立思想的人，和黨組織的基層官僚之間產生緊張。我當時沒別的想法，就期待一場革命來解決這個矛盾。因此，文革對我並不意外。

　　陳：文革之前，對基層黨組織不滿的人還不少？

　　錢：對。而且我是學新聞的，對政治有特別的敏感，從報紙上就可以感覺到一場新的「革命」正在醞釀。當時，我完全正面地看毛澤東所發動的一系列預備性鬥爭。毛澤東是有群眾基礎的，因為有社會的基本矛盾在那裡。文化大革命我全程參加，從頭到尾，就沒當過一天逍遙派。就我知道，在我這種類型的知識分子裡，很少像我這樣從頭參加到尾的。

　　陳：貴州那裡，鬥得很嚴重嗎？聽說您還逃亡？

　　錢：逃亡，流血，都經歷過。在文革期間，我是堅定的毛澤東主義者，是造反派，或者說青年毛主義派。我們當時之所以相信毛澤東主義，是因為它說中國有「**官僚主義者階級**」，要用「**無產階級專政條件下的繼續革命**」來解決官僚體制問題。這其實也是1957年北大「右派」發動「社會主義民主運動」所提出的問題，當時的重心也是反特權階級。

　　當然，到了文革後期，我開始有了反省。因為文革的結果，走到了我們期待的反面：出現了四人幫這樣的文革新貴。但我們也不信任鄧小平和周恩來，認為他們是代表了反右以後強化的「一黨專制」的黨官僚。當時我們反省的問題是：為什麼所有共產國家都出現了特權階級？為什麼在中國，從反右一直到文革，這問題變得越來越嚴重？我本來相信文化大革命是可以解決這問題的，可是不但沒有解決，反而出現了四人幫這批新的特權階級。老的沒倒，新的

又出來了，到底是什麼原因？這個問題，其實是文革後期「民間思想村落」所探討的共同問題。

　　陳：您所謂的「民間思想村落」從何時開始形成？

　　錢：轉捩點是1971年的林彪事件。林彪事件給我們的打擊太大了，因為這接班人突然成了叛逃分子，讓我們百思不得其解。1971年以後，大概在1974年前後，我們一群朋友就經常聚在一起，沒有什麼明確的組織形式，就是大家在一起討論，像一個沙龍。當然，最核心的問題就是剛剛提到的：**為什麼社會主義始終解決不了特權階級的問題？為什麼文革這樣一場大革命**，付出這麼大的代價還是解決不了？當時我們的思路，就是尋找民主。到哪裡去尋找思想資源呢？在我們裡面，有兩個路向：一個是從西方人道主義、人本主義、民主自由思想裡頭去找；另一條路，是沿著馬克思主義那個方向去找，因此注意到馬克思主義的各種流派，包括修正主義、馬列原著、格瓦拉甚至金日成，等等。今天，為什麼我覺得那段歷史特別重要呢？因為今天的許多爭議和分歧，最早在文革後期就已經萌芽了。

　　陳：您當時比較接近哪一種思路？

　　錢：我一直是以毛澤東和魯迅作為我的精神支柱。當時我們自稱「民間馬克思主義者」。但是馬克思主義是被黨所壟斷的，如果要做「民間馬克思主義者」，對黨就會形成挑戰，所以是冒著很大風險的。當時全國各地都有研究馬克思主義的小組，一旦被發現，很多都被槍斃掉。另一方面，在當時整個民間思潮裡面，也有些人轉向了西方的民主自由人道主義。在他們眼裡，我們是堅持馬克思主義的保守派。

　　文革後期，我還沒有擺脫毛澤東思想的影響，對馬克思主義本身也沒有更多反省。後來的一個轉折，就是1977年的高考。通過高

考，很多民間思想者考上大學或考上研究生，然後就進入學院體制了。

二、從改革開放到八九運動

陳：您最近有幾篇文章，寫西單民主牆和北大競選運動。那時您剛回到北京，關注那些發展嗎？

錢：當然。文革後，1976到1980年，大概有這四年的時間，中國處在動盪時期。要改革，這是確定的；但怎麼改，從上到下都還沒有明確的方向。剛剛說到，1977年高考以後，民間思想者彼此分離了，一部分進入了體制。還在體制外的人呢，就發動了西單民主牆運動，形成一股體制外的民間變革力量。進入體制的另一批人，後來發起了北大競選運動。

魏京生他們是體制外的，是西單民主牆的。像胡平、王軍濤這一撥人，是大學生，他們是1980年以北大為中心的競選運動的重要代表人物。其實，這兩批人原來都是文革後期培養出來的民間思想者，雖然社會位置不一樣，但政治方向是一致的。在我看來，這是一個自下而上的「民間社會民主運動」。它和黨內自上而下的改革派，最初是聯盟的。它當時提出的主要訴求是：中國的改革不能只是自上而下的改革，而必須也有自下而上的改革。也就是說，民間的普通老百姓，應該成為改革的重要力量。民間不是附庸來參與，而是作為一種獨立的力量，來參與一場全面的改革。

陳：您參與了這個運動嗎？

錢：我1978年考上研究生。那時，我面臨「做戰士，還是做學者？」的選擇。我的判斷是，我這人不適合搞政治，不適合實際的政治參與，而更適合當學者。當然，我自己很痛苦。我後來寫《豐

富的痛苦：堂吉訶德與哈姆雷特的東移》，就是爲了反省我身上的堂吉訶德氣或哈姆雷特氣。當時呢，在安順那個思想者群體當中，大家都是我的學生啊，他們也分兩派：一派主張立即參與，另一派主張還要看一看。

陳：像這樣的「民間思想村落」，在安順之外，其他地方也都有嗎？

錢：全國各地都有。剛才提到的西單民主牆、民主刊物和北大競選運動，都算是全國性的。改革開放爲文革後期的民間思想者的參與，提供了一個新的機會。要參與是沒有問題的，爭議、分歧在於參與的時機與方式。其實在文革後期就有兩個思潮：一個思潮主張走政治改革路線，爭取民主、自由，從這角度來改變中國；另一個思潮主張從改變農村、改變基層生活開始做起，而且認爲要改革就必須進入體制。

陳：您的分類似乎越來越複雜了。既有政改派，也有農改派。政改派有主張街頭政治、全民參與的，也有搞體制內選舉的。

錢：實際上，北大競選運動也是兩派：一派主張經濟改革，另一派走政治改革路數。我在給安順朋友的通信中談到：鄧小平的改革在當時中國的歷史條件下是有積極意義的，應該支持；但我們遲早要和他分手，因爲他所代表的是黨官僚的利益，他的目的是要回到文革前的一黨專政體制；而且，他的改革可能會導致資本主義。當時有篇小說〈喬廠長上任記〉讓我懷疑未來的中國統治者就是喬廠長那樣的西方式「企業家」，而我所受的教育注定了我對資本主義始終懷有警惕。

陳：這樣聽來，您當時並不看好體制內改革的前景，也不太相信「民間社會民主運動」眞會成功。而且，您當時大概還是堅決反對資本主義的社會主義民主派。

錢：對。

陳：在資本主義復辟的問題上，當時魏京生和胡平怎麼看？他們講的民主，也是反資的社會主義民主嗎？

錢：可能我比他們要更保守一點，就是更受毛的影響。當時我還是個毛主義者，毛主義的思路還沒有改變。我還在想繼續革命，就是文革沒解決的課題我們還要繼續解決。不過，我既沒有選擇民間團體，也沒有選擇體制內改革那條路，而是選擇當學者。但我的學術研究跟過去的個人經歷還是有關係的，譬如我的第一本書《心靈的探尋》其實還有文革的痕跡。雖然我回到北京以後，逐漸走出了毛澤東的影響，但那本著作仍然肯定魯迅是馬克思主義者。

陳：能否談談您後來的思想轉折？

錢：《心靈的探尋》還是強調了革命實踐的意義與影響，以及行動的力量。從現在看的話，那本書有很強的過渡時期色彩。接下來，我進入了周作人研究，然後思想開始發生變化。周作人對我來說，原來只是因為魯迅研究深入不下去，非得換個角度不可，所以才去做。之後呢，對我就產生了兩個影響。一個影響是，周作人又喚起了我早年在家庭影響下所接受的民主自由思想。另一個影響是，周作人研究使我獲得了學術界的承認。

在1980年代，我最主要的目標是成為學者。自由主義色彩的強化，跟當時思想啟蒙的氛圍是有關係的。

陳：您怎麼看六四？六四對您的影響大嗎？

錢：六四對我和我們這一代，以及我的老師和我的學生這三代人都有極大影響，是個關鍵，是個轉捩點。像我們這些最初追求社會民主、平等的人，反對一切剝削、壓迫和奴役的人，不得不去追問：革命怎麼總是會走到反面？革命本身有什麼問題？還是我們自己有什麼問題？革命的悲劇是怎麼產生的？另一面是，革命出了問

題，難道就這麼終結了，應該「告別」了，應該進入「保守主義時代」了嗎？保守主義正是六四之後的時髦思潮。

我跟別人不同的一個特點，就是我的所有批判都同時指向我自己。我不認為革命是外在於我的，因此，所有對革命的批判都跟我有關係，革命的命運也和我有關。在這樣的思路下，我寫了《豐富的痛苦》還有《1948：天地玄黃》。那本《1948：天地玄黃》屬於六四之後的一個思考，它想要討論的是：1948年，解放前夕，為什麼大多數知識分子決定留下來？原因何在？又蘊含什麼問題，以至於導致後來走到反面的後果？

六四之後，我有很強的「倖存者」意識。我們貴州安順這批人去參加歷史運動最前線的第一個學生，因為西單民主運動、社會民主運動被鎮壓而被逐出了歷史舞台；我的第二個學生去參加趙紫陽的改革運動，六四之後隨著趙紫陽的倒台，他也跟著倒了。於是我想，他們倒了，我存活下來了，就必須站出來。我原來是想進入學院體制，但六四之後，我覺得學院不會是個出路。如果再繼續爭取學術界承認的話，我就危險了，再下去我可能要變了，可能就不是原來的錢理群了。所以，我決定要破門而出。其實在六四之後，我寫《豐富的痛苦》，寫《大小舞台之間》，寫《1948：天地玄黃》，都越來越接近最後對現實的參與。

陳：寫完《1948：天地玄黃》之後，您決定更積極介入現實？

錢：1996年10月，我做了一場公開演講，那是個轉折點。那場演講叫做「周氏兄弟和北大精神」。當時有位朋友對我說，北大已經「失精神」，你作為北大人再不站出來說話，我們就要說話了。這大概是一種「激將法」吧？我也覺得，要打破六四之後的沈悶，就必須從北大開始做起。因此，我這篇演講的中心，是藉1998年北大百周年之機，提出要繼承北大的「獨立、自由、批判、創造」的

傳統。1997年我開周氏兄弟的課，後來變成《話說周氏兄弟》，就是著眼於分析周作人跟魯迅思想在1990年代中國的現實意義。我努力想把我的研究轉換爲社會資源、教育資源，結果在學生中引起強烈反響。到1998年北大百周年校慶前後，就形成了一個以「重新認識（蔡元培）老校長」爲中心的「尋求北大的真聲音」熱潮，六四之後北大校園的沈寂終於被打破了。

三、魯迅思想的當代意義

　　陳：魯迅是您最重要的思想資源，但在解除戒嚴以前的台灣，因爲魯迅被認爲跟「共匪」有關，反而是周作人的流通比魯迅要好一些。直到現在，台灣講到五四或新文化運動還是以胡適爲主，魯迅仍相當邊緣。所以，能不能請您特別談一下，魯迅對當代中國的重要性何在？

　　錢：在台灣講魯迅，我覺得非常難。魯迅對我個人來說，簡直就是太重要了。我對中國問題很多的觀察認識，我主要的思想資源都是來自魯迅。我同意汪暉一個分析，他說五四是很複雜的結構，只有一點是大家一致的，就是要重新估定價值。實際上，有各種各樣的五四，譬如胡適的五四、蔡元培的五四，還有魯迅的五四。我要繼承的是魯迅的五四，是左翼的五四。我在《思想》季刊第3期發表的〈魯迅和中國現代思想文化〉，基本代表我主要的魯迅觀點。就像那篇文章講的，在整個中國現代思想文化裡面，魯迅是個特殊的存在。他既是中國現代思想文化的建構者，同時又是現代中國思想文化的解構者。

　　比方說，魯迅對民主與科學、對啓蒙，既是發揚者，但也有質疑。包括對革命、對社會主義、對平等，這些左翼的基本概念，魯

迅既有支持的一面，也有懷疑的一面。中國這幾十年發展的最大問題，就是把人逼得走上極端，不能用複雜化的態度來面對現實。我們現在講的，構成現代思想文化的民主、自由、平等，還有革命、社會主義、啓蒙等等，所有的話語都是西方來的。對於這些話語，魯迅的態度是：既接受、既發揚，同時又進行質疑，在這之間取得一種張力。我心目中的魯迅，最大意義就是在這一點上。我最佩服他而且最肯定他的，就是他不但無情批判別人，更無情批判自己。比如他對中國傳統的批判，就跟胡適很不一樣。胡適把中國傳統當成鬼打，而魯迅呢，則鬼中有我、我有鬼氣。對魯迅來說，打鬼不是打鬼，而是打自己心中的鬼氣。所以，對外在的批判最後都轉變成自我批判。後來我形成一個觀念，就是：我們評斷一個批判的知識分子，最主要得看他有沒有自我批判。這是一個最基本的標準。如果你只批判別人，你這批判十之八九是假的，至少是很可疑的。像這樣一個魯迅傳統，我覺得非常值得繼承。

陳：魯迅的批判立足點何在？魯迅有哪些關懷或觀點，是您覺得特別重要的？

錢：比如說，魯迅的立人思想，對個體精神自由的追求。對於中國傳統以及後來的革命思想，魯迅是有所警惕的。他認為中國傳統有家庭的人、社會的人、國家的人，但是缺乏兩個東西：一個是個體的人；另一個是人類的人。魯迅認為專制是對個體精神自由的一種壓抑，因此他接受了西方現代的民主自由平等這些觀念。但同時他又覺得，西方體制也有矛盾，最後也可能導致對個體的壓制。譬如民主，就可能變成少數服從多數的一種壓抑。如果你講平等，講到極端的話，也可能變成一種壓迫。所以魯迅有個著名的概括：中國舊病未除，新病又來。魯迅最基本的出發點，是個體的精神自由。當然，他前後期強調的重點不完全一樣，前期比較強調個體自

由，後期更強調平等。他後來有句話說，如果非得在民主自由和平等之間做選擇，他更偏向平等。

陳：您強調魯迅的立人思想，追求個體精神自由的面向。從這裡，您借用魯迅去質疑那些犧牲個人自由的民族主義、國家主義、集體主義或民粹主義。您的這個詮釋，接受的人多嗎？

錢：我同時也借用魯迅這個基本觀點去質疑美國的霸權主義和西方文明病。因此，我的詮釋大概不受歡迎，但我並不在乎。我的魯迅研究，可以用三句話來概括：第一，講魯迅；第二，接著魯迅往下講；第三，接著魯迅往下做。我這樣的姿態，在學術界就會受到批評。有些學院派知識分子會說，你只能講魯迅。你要接著往下講，就陷入了過度闡釋。如果你還要往下做，就更加逾越了學者身分。但我堅持接著往下講，因為學術研究就是一個往下講的過程，否則要你學者幹什麼？

我認為，魯迅可能是現在進行式的一個思想家，這是什麼原因呢？這涉及到大家對魯迅的認識，包括對魯迅雜文的認識。魯迅說他的雜文是一種「社會批評」和「文明批評」，無疑具有抗爭性，但是他在現實抗爭之外，也有超越現實的思考，而且他這方面的能力非常強。譬如他在批評林語堂的時候，概括出一個「西崽」的概念。別人很可能覺得魯迅的批判過於尖刻，林語堂可能未必像他說的那樣；但是，一直到現在，中國到處都是「西崽」，而且越來越多。所以我認為魯迅是思想家，他既從現實出發，同時超越現實，有超越現實的一種概括。

魯迅是永遠不滿於現狀的批判者，某種程度他是一個彼岸的關懷者。在我看來，個體精神自由這個命題，是一個彼岸的理想，永遠也達不到的。魯迅從這樣一個理想來看現實，所以不管是來自哪個方面的對個體精神自由的壓抑，他都要反抗。他不僅在中國發現

了奴役關係的再生產，也在西方資本主義裡發現了奴役關係的再生產。任何地方，只要有奴役關係，他就批判。另外他也不斷警惕自己，不要成為新的奴役關係的製造者。而這樣的奴役，在現實的此岸世界是永遠存在的，是不斷被再生產的；我們甚至可以說，每一個科學技術、社會的進步，在推動歷史前進的同時，都會產生新的奴役關係。這就決定了魯迅這樣的有著彼岸關懷、烏托邦理想的知識分子，必然是永遠不滿足於現狀的批判者。這是魯迅說的真正知識階級的第一個定義。第二個定義就是，永遠站在弱者這一邊，用他的話就是平民這一邊。我覺得這兩條代表真正的左翼傳統，是最應該繼承與發展的。

陳：魯迅的國民性批判，也是您「接著往下講」的重點？

錢：對奴隸這個詞，魯迅是最敏感的。他批判國民性的重心，就是批判中國人民的奴性，而他筆下的奴性是很廣泛的。帶有根本性的、最嚴重的是「奴在心中」，這種奴性直到今天都還存在。魯迅基本認為，中國問題的核心，是人心的問題。

陳：許多人強調中國的主要問題在於制度，而不在於國民性或文化精神層面。您不同意這個觀點吧？

錢：其實很多人批評魯迅，就是因為他不強調制度面。像李慎之就認為，當下胡適比魯迅有意義，因為胡適談制度問題，而魯迅是不談制度問題的。但我覺得，我們對一個知識分子的評價，只能從他所討論的範圍來考察，而不能用另外一套標準。實際上，在今天的中國，制度問題確實很重要，但是國民性問題也重要。魯迅自己也曾經說過：一首詩趕不走孫傳芳，一砲就把他趕走了。魯迅後來支持共產黨，跟這個理解是有關係的。他覺得要解決中國問題，不能只講啟蒙，還必須有社會運動。

就當下中國來說，我還是堅持這一點：我們既要進行制度的改

造，也要進行國民性的改造。魯迅有個很著名的觀點，我很同意，就是中國是個大染缸：**只要中國人心不變、國民性不變，再好的制度到中國來，也仍然行不通**。現在很多人談憲政、談憲政民主，這在西方世界可能是有效的，但是拿到中國來，會不會變？在台灣，是不是已經變了？我認爲大陸的基礎比台灣還差，大陸的國民性問題比台灣的國民性問題還要嚴重，拿到大陸來更會變。所以我還是相信，當下中國的危機說到最後還是人心問題。人心、人性、道德底線的突破，是你一下子解決不了的，是更帶根本性的問題。我爲什麼關心中學教育？因爲我覺得改變人心，可能是更艱難的、但也許是更重要的工作。

陳：您能不能談談周作人，跟魯迅做個對照？

錢：他們兄弟有很多觀點是一致的，譬如個體精神自由，絕對是周作人和魯迅共同追求的東西。但他們之間有兩個大的區別，導致了很不同的結果。一個區別是，周作人過分強調個人和人類的觀念，他忽略了國家、民族、社會的觀念。這是後來周作人成爲漢奸的一個最基本原因。魯迅在去世之前，特地叫他的弟弟，也就是周健人，去關照一下老二。魯迅注意到，當時那個救國宣言，很多知識分子都簽名了，獨獨周作人不簽；他說這個不行，周作人一定得有個態度。其實，魯迅也認爲簽救國宣言是沒什麼意義的，他能理解周作人爲什麼不簽。但是他又認爲，面臨日本的侵略，你不能沒有一個態度。這點是魯迅和周作人一個很重要的區別。

還有一個區別是，在對現實達到同樣深刻的認識以後，知識分子該採取什麼態度？在這一點上，魯迅繼承了儒家傳統的「知其不可爲而爲之」。周作人有道家的味道，「知其不可爲而不爲」。

周作人把個人主義和精神自由這些東西，給學理化了。這是周作人的重要貢獻，對我的影響很大。周作人對我的另一個影響是性

格上的。我本來是比較急的人，氣質上比較接近魯迅，但受周作人影響，我變得比較寬容、比較溫和。周作人的悲劇，也使我對國家主義、愛國主義、民族主義採取比較複雜的態度。

陳：您如何理解「知其不可爲而爲之」？

錢：看得很透以後，就很容易走向虛無主義。周作人的虛無主義色彩，就比魯迅要濃。但魯迅表達更多，老是說絕望啊絕望。我覺得魯迅最可貴的一點是：他反抗絕望，他絕望還能反抗。有很多人介入社會，是因爲期待會有什麼好的效果。魯迅在一開始就把這個路給堵住了，他不追求效果，不追求最後的那個結果。我覺得這一點，對當下青年是很有意義的。

四、一黨專政的三種模式

陳：接下來，我想問個大題目，就是您對中國革命的反省。

錢：一方面，我覺得中國革命有它產生的合理性。當時的國民黨是個獨裁政權，跟美國的關係又糾葛不清。在那種情況下，共產黨起來反抗是合理的。而且，中華人民共和國的成立，至少有幾項貢獻：第一，實現了國家統一，這是不可抹滅的基本貢獻；第二，實現了國家的獨立；第三，它爲整個國家的經濟發展奠定了基礎，如果沒有那基礎，今天不可能有這樣的發展。另外，中國的社會主義經驗雖有很多弊病，但本身還是有很可貴的一些遺產。

譬如講到地震，過去的社會主義經驗有三條原則：一條是預防爲主；第二條是土洋結合；第三條是群防群治。這些都是社會主義很好的經驗，不僅是在救災方面。比如說，毛澤東時代的醫藥衛生強調以預防爲主，強調中西結合，把醫藥衛生重點放到民間去。毛時代的體育政策，強調全民健身，人民體育。在教育方面，毛強調

農村基礎教育、師範教育、中專教育，為農村培養教師人才。這一系列的社會主義經驗，都有很大的合理性。

問題是什麼呢？好的社會主義經驗，跟社會主義所承擔的很多弊病，是包裹在一起的。所以我覺得，**我們應該首先對毛澤東和革命的遺產進行批判，在徹底批判的前提下，才可能去搶救出其中合理的某些面向。**從1980年代到現在，我們一直沒有對毛澤東思想、對社會主義遺產，好好去做清理，以至於今天年輕一代要嘛一無所知，要嘛就覺得社會主義好得不得了。

陳：您對毛主義有哪些批判？

錢：毛說革命是要把顛倒的歷史重新顛倒過來，這是什麼意思呢？就是革命要把壓迫者變成被壓迫者，把被壓迫者變成壓迫者。我覺得這點大有問題。把地主打倒，你本來打倒地主就可以，但把地主打倒之後，他已經失去土地、成為農民，你還要再進行專政，這就有問題了。實際上，就是製造了新的不平等，或說新的等級制度。甘陽說毛澤東時代是平等時代，這我實在不能同意。一方面，它製造出新的不平等、新的等級制；另一方面，因為你壓迫別人，自己也是不自由的。所謂工人農民成為主人，只是一種說法而已，從來沒有真正實現過。你很難說毛澤東時代的工人農民是國家真正的主人；而且，農民在毛時代顯然是二等公民。

壓迫關係顛倒過來以後，真正受用的是統治者，是黨，而不是工人農民。我對中國共產黨的一黨專政，曾經有個概括，分三種模式。**第一種模式是從1949到1966年，以工人農民和勞動者作為群眾基礎的一黨專政。**

陳：第二種模式是指文革？

錢：稍後再講文革。毛主義的第二個大問題出在哪裡？毛澤東思想裡面有很大的烏托邦主義、民粹主義、或者農業社會主義的成

分。彼岸的理想，不能把它完全此岸化。共產主義是天堂，但它建立在地面，就變成了地獄。毛澤東想要建立一個絕對平等、絕對純粹的共產社會，而這個絕對的、純粹的理想社會的實踐結果，一定是專制主義。就毛澤東主義來講，那套農業社會主義的東西，肯定在中國現實中得不到實現。毛想用專制的手段來實現他的理想主義，結果就是使得專制主義變本加厲，變成一種不受任何限制、不受任何監督的絕對權力。

陳：1949年以前，毛澤東爲了吸引知識分子，曾說共產黨不搞訓政，馬上就可以民主。但不出幾年，在韓戰快結束時，發起思想改造運動，把民間報業都整掉。1957年反右，然後三面紅旗、文革等等，這些現象都跟毛個人很有關係嗎？

錢：跟毛澤東當然是有關係的。他在青年時寫的筆記裡面提出了兩個概念：一個是豪傑，一個是聖賢。他認爲聖賢是要影響人的思想。所以，**中國革命有個特點是別國革命所沒有的，就是要改造你的思想，中國的專制最可怕的就是這東西**。史達林是不管，你若不合我就把你殺掉。毛澤東想當聖賢，要影響人的思想，他是要改造人性的。然而，毛澤東失敗也是失敗在他想改造人性。

改造思想是中國革命的特點。中國革命不僅是一個經濟革命和一個政治革命，還有一個思想革命。毛澤東更看重的是思想革命。而毛最屬害的一點，就是根本不允許出版社私營。一直到現在，中國對輿論的控制還是舉世罕見，這跟毛的遺產是有關係的。

陳：您剛才提到毛的農業社會主義，能不能說詳細些？

錢：毛澤東拜訪過周作人沒拜訪魯迅，什麼原因呢？就是周作人提倡新村運動。新村運動是空想社會主義的東西，毛一直懷著這個仰慕。但在革命成功之前，他不太可能實施。他當時在延安部隊裡搞的是軍事共產主義，後來解放後，他一直強調延安經驗，就是

延安時期在特殊情況下實行的軍事共產主義。今天新左派對毛澤東評價很高的一個原因在哪裡？因為毛澤東比較強調中國經驗，他不照搬蘇聯那一套。我相信在這一點上，毛澤東和蔣介石是一樣的，他們都是民族主義者。而毛澤東強調的中國經驗，某種程度就是延安經驗，就是軍事共產主義那套經驗。解放後，毛把這個拿來，強調要走中國自己的路，不要像蘇聯那樣。知識分子很容易接受毛，跟這個是有關的。

所以，講到毛的農業社會主義，遠的根源的是來自新村運動，近的根源是來自延安的軍事共產主義經驗。我的考察是，毛真正實現他的理想是在1958年，這就跟1957年有關係。1957年反右是毛澤東一生的最大成功，為什麼呢？他通過反右運動，把所有的知識分子、所有的右派全都打下去了。1958年初，毛說周恩來離右派只有五十步遠，把周恩來也打下去了。實際上，反右是毛澤東的一種策略，就是先聯合知識分子和青年學生來打壓黨內的官僚，然後又聯合黨內的官僚把知識分子打下去，然後翻過來再打黨的官僚。結果在國內，毛就獲得了完全的、全面的權力。毛澤東一生真正把權力全部集中到他一個人身上，是在1957年以後。1957那年，毛還利用史達林去世之後赫魯曉夫必須仰賴他的幫助，順勢成為國際共產運動的一個領袖。他不是1957年到莫斯科開會嗎？到了1957年年底，毛在國內獲得了絕對的權力。在我看來，毛澤東一生真正實現他的理想、按他理想辦事，只有1958-59這短短兩年。

陳：指大躍進、人民公社？

錢：1958-59年毛澤東主要做了兩件事。一個是建立「一大二公」、「政社合一」、「組織軍事化，行動戰鬥化，生活集體化」的具有濃厚軍事共產主義色彩的人民公社。後來，文革一開始時，提出要將全中國建成一個集工、農、商、學、兵為一體，融黨、政、

軍、民、學爲一爐的大軍營式「中華人民公社」的理想社會模式，
也是延續這樣的思路。就是試圖將現代生產手段和交換手段，硬塞
到一個幾分是幻想、幾分是對陳舊生活方式的抄襲的社會形式中。
它其實就是馬克思、恩格斯早在《共產黨宣言》裡所批判的「封建
社會主義」。它是一種不可能實現的空想，而其實際作用卻是極大
地強化了對中國老百姓，特別是對農民的政治、經濟、思想、生活
上的全面控制，強化了「第一把手專政」的極權統治和個人獨裁。
這樣由執政者所掌控、用暴力手段實行、規模空前的，也造成空前
災難的「空想社會主義」試驗，是國際社會主義史上的第二次。其
直接引發的就是三年大飢荒，導致3,600萬左右的非正常死亡，這在
人類歷史上也是空前的。

　　這樣的後果也和毛澤東做的第二件大事直接相關，就是他所發
動的「大躍進」，即所謂「向地球開戰」。毛澤東不是說「與人奮
鬥，其樂無窮」嗎？1957年反社會上的「右派」，1958年初反黨內
的「右傾」，他確實嚐到了「與人奮鬥，其樂無窮」的甜頭。但到
了「大躍進」，他要「與天奮鬥」，就受到了大自然的懲罰。他想
要征服人可以，征服自然就不行了。大躍進某種程度是大自然對他
的一個報復，所以他失敗了。這個失敗造成大的問題，於是他又發
動文化大革命，想要重新振起。我不認爲毛澤東發動文化大革命，
完全是黨內鬥爭、權力之爭，那個說法太膚淺了。不排除是有那個
成分，但是，毛澤東顯然還是要堅持實行他那個已經失敗的空想社
會主義實驗，而其前提條件就是要建立一個新的一黨專政模式。

　　陳：您認爲文革所代表的，是一黨專政的第二種模式？

　　錢：毛通過文革所要建立的，就是**一黨專政的第二種模式**。什
麼模式呢？就是近於馬克思所分析過的拿破崙專政模式，**由自認爲
代表人民的皇帝，和群眾專政直接結合，把中間的環節打掉**。

中間環節是指什麼呢？一個是黨的幹部官僚，另一個是指知識分子。現在很多人，像新左派就很欣賞這種領袖和群眾直接結合的模式。這種一黨專政模式，跟前十七年的一黨專政模式有區別，但專政的實質沒有變。文革最大的特點，就是要把整個黨毀掉，但是又不可能完全離開這個官僚機構，所以最後還是把它恢復了。

陳：第三種模式呢？

錢：從江澤民、從第三代領導者開始，建立了一黨專政的第三種模式，就是以經濟建設為中心，以技術精英、政治精英和經濟精英作為權力基礎。在江的時代，所謂「先進生產力、先進文化的代表」指的就是政治精英、技術精英、經濟精英，就是要把毛澤東的「窮人黨專政」變成「精英黨專政」。

所以，我認為是有三種模式，共同點就是一黨專政。如果說中國革命有任何教訓的話，最後可以歸結到這個面向。

五、富國強兵的國家主義的現代化道路

陳：有些論者認為，一黨專政是中國現代化的必要之惡，您怎麼看？

錢：我們跟西方國家不一樣，我們是一個東方的落後國家。從1840年以後，我們就受到帝國主義侵略，所以始終有一個被壓迫國家和民族趕超西方的情結，這是全民性的。一個落後國家，當它要趕超先進資本主義國家時，怎麼辦？這時候它就需要一種特別強大的社會動員力量，因為別的都不行啊，技術、知識都不行，怎麼辦呢？只好搞組織力量，靠強大的社會動員力量，集中精力去做一些大的事情，譬如搞大建設，這樣才可能在比較短的時間內縮短與西方國家的距離。這種中國現代化的道路是有群眾基礎的，背後也有

民族感情做支撐。

實際上，我們從洋務運動開始，就意圖搞國家強權，或者是強權政治人物，因為只有國家強權或強權政治人物，才可能進行高度組織化的社會動員。你看洋務運動，它是寄望於光緒皇帝，希望光緒成為強權人物，然後來推動現代化。中國其實一直是走這條路，我把這條路概括稱作「富國強兵的國家主義的現代化道路」。洋務運動是這條路，戊戌政變也是這條路，孫中山其實也是這條路，接著蔣介石也是這條路。毛澤東、鄧小平甚至一直到現在，都是這樣一條富國強兵的國家主義的現代化道路。

其實包括胡適在內，胡適一直提「好政府主義」，但什麼是「好政府主義」？就是強的政府主義嘛，強調強而有力的國家干預。所以實際上，為什麼共產黨最後這麼成功？因為這條路線滿足了民族強大的要求，而包括知識分子在內，幾乎都有這個情結。為什麼那麼多知識分子支持共產黨？跟這個情結是有關係的。大家覺得，只要富國強兵，其他事都可以犧牲。

那麼，這也就說到了魯迅的重要意義。他提供了另一個思路，就是中國的現代化一定要以立人為中心，要更關注人的個體生命的成長、自由、發展。

陳：有人說救亡壓倒了啟蒙，可是啟蒙好像從來都不是重點，強國主義一直是主軸。晚近所謂的中國崛起、中國雄起，都是富國強兵思維下的產物？

錢：我們現在講的中國崛起，做的就是富國、強兵這兩條。所以我說，魯迅的立人思想是有當代價值的，是有批判意義的。當然你得承認，魯迅思想不大具有可操作性，某種程度是一個知識分子的理想主義。如果按魯迅治國也不行的，你怎麼立人嘛，是吧？立人思想因為是和國家主義對比，所以顯現出它的意義和價值。但實

際上，這東西很難落實，它必須有相應的制度爲保證。

　　話說回來，中國共產黨之所以成功，就是因爲它走了「富國強兵的國家主義的現代化道路」。它把中國社會的組織力量、動員力量，幾乎發揮到極盡。一旦遇到大災難，這種絕對的專制主義確實有效，這個可能是共產黨成功的一個方面。毛澤東把黨的力量滲透到每一個單位，滲透到最基層，滲透到每一個人。這麼強大的一種控制力量，若做好事，是會發揮它的作用，效率絕對比民主要高得多；但做壞事就糟了，因爲沒有任何平衡，沒有任何糾錯機制。這就是專制體制的問題了。

　　中國今天所發生的嚴重的兩極分化，其實就是這條「富國強兵的國家主義的現代化道路」的必然後果。經濟發展的成果首先爲掌握國家絕對權力的黨官僚及其子女所奪取，導致權貴資本主義，這幾乎是不可避免的。結果是：國家富了，軍力強了，權貴也富了，工人、農民、普通老百姓卻陷入了相對貧困的狀態。而這樣不受制約、監督，沒有科學、民主的決策機制，全憑長官意志的「集中力量辦大事」，這樣的經濟建設和發展，也必然是以資源的掠奪和生態的破壞爲代價。其實改革開放這些年，我們又在進行第二次「向地球開戰」，其破壞力絕不亞於大躍進時期，現在我們又面臨大自然的報復了。歷史一再這樣重演，主因就在於始終不變的一黨專制體制和國家主義的現代化路線。

六、政治改革的三起三落

　　陳：您提到，文革後有民間人士主張兼顧自下而上的改革，但最後還是失敗了。對您來說，那段歷史的重要性何在？
　　錢：中國改革開放的第一階段，大概是從文革結束到1980年這

段時間。當時改革路線還沒確立，包括鄧小平自己都猶豫不決，還在考慮各種可能性。我覺得，這是中國思想最活躍、也提供了最多可能性的一段時期，思想史的價值特別高。剛才我已經講到，關於改革開放，其實是有不同路線思考的。一個設想，就是要結合自上而下的改革和自下而上的改革。那樣的路就不完全是國家主義的道路，而有底層民眾的參與，還有社會民眾的制約和監督權利。另一個主張就是要全面改革，除了經濟改革外，還要包括政治改革、社會改革、文化改革。

陳：最後被鄧小平壓下去了？

錢：這些民間的聲音和力量，爲什麼被打壓下去呢？其實黨內當時有三種意見。一種意見是，應該讓這些民間自發組織合法化。另一種意見，就是胡耀邦他們，主張鬆綁結社法和出版法，同時也對這些民間組織有所制約。但陳雲覺得這兩種辦法都不可行，他說當年我們就是利用這些辦法跟國民黨鬥爭，所以絕不能允許群眾組織有合法性。鄧小平基本接受了陳雲的意見，因爲採取這條路線，就可以最大程度地剝奪社會反對力量的生存空間，保證黨不受挑戰、不受監督、不受制約的絕對權力。

不過，鄧也不是完全沒考慮過政治改革的問題。中國的政治改革，我說是三起三落。第一次是1980年以後鄧小平自己提出來的，說要政治改革，但到1981年就把它擱置了。後來發展到一定程度的時候，鄧小平這人還是很有遠見的，他就覺得完全擱置也有問題，所以他在1987年，又一次提出在保證黨的領導前提下的政治體制改革。那次政治體制改革，是在趙紫陽的操作下進行的，如果做到的話，中國會大大前進一步。但那時黨內是有爭論的，因爲鄧小平和胡耀邦對當時中國改革最主要的危險是什麼，有不同的見解。胡耀邦認爲黨內腐敗是主要問題，但鄧小平認爲自由化才是最危險的，

這就是後來他把胡耀邦打下去的最根本原因。13大所提出的改革建議，如果能實現的話，中國可能就不是今天這個局面了。

陳：然後出現了八九運動。

錢：六四前夕，雙軌制帶來的腐敗問題越來越嚴重。八九學生運動，主要訴求兩個東西：一個是反腐敗，另一個就是要求出版言論、結社自由，特別是結社自由。學生要建立自己的組織，工人要建立自己的組織，知識分子要建立自己的組織，不受黨的控制而要自己組織。後來雙方僵也僵在這事情上，一邊要你承認「高自聯」的合法性，另一邊是絕對不給你承認的。當然這一問題跟國際背景也有關係。我剛才沒說到，1981年鄧小平之所以擱置政治改革，有個背景，就是波蘭團結工會的問題。八九學運也有類似背景，就是全球的民主化浪潮。

陳：您怎麼看1992年鄧小平的南巡講話？

錢：現在一般都比較肯定鄧小平的南巡講話，我覺得這講話有兩個方面。一方面，南巡講話使得改革可以繼續下去，這是他的功勞，帶動了東部地區的迅速發展。另一方面，南巡講話鼓勵了幹部經商。以前腐敗問題主要是雙軌制的矛盾所造成的。南巡以後呢，就轉向了土地買賣，轉向了股份、股票，而且大批幹部經商。

陳：八九運動反官倒，結果鄧的南巡反而為權貴資本主義亮起了綠燈。

錢：就是南巡之後，權貴資本主義迅速發展。在我看來，八九運動的時候，官倒還只是局部問題，只是利用了雙軌制的空隙，那個腐敗是有限的。可是一旦進入市場、生產資料，一旦到了股票，就是另一回事了。到了金融，就更是另外一件事了。既然發展就是一切，當然也急著穩定壓倒一切，於是形成了新的既得利益集團。所以17大，或17大之前16大，再一次提出政治體制改革，算起來已

經三起三落了。前兩次權貴資產階級還未形成,政治體制改革的阻力與成本都要低得多。如今,中國面臨已經形成的權貴資本的權力網絡,要觸動他們的既得利益,就必然處處受阻,幾乎寸步難行。

七、從江時代到胡溫體制

陳:您如何評價江澤民時代?

錢:如果要說江澤民的成績,就是社會穩定,沒亂,經濟有很大的發展。但也同時造成了兩個問題:一個是盲目發展的惡果,除了浪費資源、破壞環境,還把發展的代價轉移到工人和農民身上。再一個就是形成了新的既得利益集團,即所謂的「三個代表」。而且我認為,江總體是親美的。江時代的中國經濟改革,跟世界新自由主義思潮是一致的。實際上,也就是在江時代,中國的自由主義思潮得到很大的發展,非常深刻地影響了年輕一代。在此之前,我認為還是社會民主主義思潮比較占優勢。

其實,在中國知識分子裡面,真正歐洲式的自由主義者很少、極少。長期以來,中國自由主義基本還是一個社會民主主義思潮,包括朱光潛,甚至包括胡適。胡適的「好政府主義」聽起來就是國家干預嘛,而且胡適有段時間是很支持蘇聯的。所以我說,在江時代興起的自由主義思潮,跟以前的中國自由主義是很不一樣的。

陳:胡溫體制下的言論控制,比江時代還更厲害,是嗎?

錢:我最近有篇文章談到這個問題。我認為,現在的中國已經是世界的中國了。所以,我們必須在全球化的背景下,考察中國現行的極權體制和西方的關係。中國是冷戰結束以後,唯一還在堅持一黨專政的大國,也因此面臨來自西方社會的巨大壓力。怎麼應付這種壓力呢?我覺得共產黨採取的辦法,是軟硬兩手,「中學為體,

西學爲用」。胡溫體制繼承了從鄧、從江一路延續下來的原則，有四個基本點是絕不動搖的：一個就是絕對不能有言論自由和出版自由；第二個，絕對不能有結社自由；第三個，絕對要黨控制軍隊；第四個，黨要掌握授權，權力由黨授，等於是授權者。這四個基本點不動，爲什麼不動？因爲共產黨從國民黨的垮台得到一個教訓：當年的國民黨，腐敗程度大概比不上今天的中共，但爲什麼垮得那麼快呢？因爲當時有共產黨在，人心轉向共產黨。但現在，當人民對共產黨失望，轉向誰呢？轉不到啦，因爲共產黨是唯一者，你被它吃定了，只好認了。或者把希望寄託在它自身的改革上，而不可能有其他選擇。

胡溫體制是很厲害的，它表現出極大的靈活性，和毛澤東時代不一樣，和鄧小平時代不一樣，甚至和江澤民時代也不一樣。四個基本點絕不許動，這四個東西很硬，但其他都很軟，都可以妥協。你只要不涉及我的四個基本點，要錢有錢，要人有人，要怎麼做就怎麼做，最大限度地滿足你的要求。這樣一搞，誰還關心那四大自由？結不結社有什麼關係？一般人會這樣說，是吧？一個政權，只要能促進生產發展，只要能吸引人才，這個政權是不容易垮的。

現在這個極權體制跟過去不一樣，因爲它的經濟發展跟西方世界形成一種互相依存的關係。這樣就出現了一個非常有趣的現象，就是說，西方左派拼命批評共產黨，西方右派比較支持共產黨。雖然西方人不分左右，經常用普世價值批判你，但考慮到經濟利益、國家利益的西方右派，還是務實地支持你。所以說，中國目前的極權體制，某種程度是得到國際支持的。這跟六四的時候，是有很大區別的。

如果我們從批判的眼光去看，這是國內壟斷資本和國際壟斷資本的一個合作，一個共謀，一個世界性的問題。但另一方面，西方

對你還是不放心，找到機會還是想要羞辱你、打擊你，因為你畢竟還是共產黨，還是一黨專政。今天起來反抗極權體制的話，會面臨到另一個問題，就是*如何保持獨立性，而不被西方人所利用*？這也是一個重要問題。

八、新左派與自由主義之爭

陳：您怎麼看知識分子和黨國的關係？都被收編了嗎？

錢：我曾經用魯迅的話，魯迅兩個文章的題目，來說明現在國家對知識分子的要求。就是八個字：第一個是「同意」，你知識分子要贊同我、同意我；第二個是「解釋」，你要用專業知識幫我解釋國家政策的合理性、合法性、科學性；然後是「宣傳」；最後就變成了「做戲」。只要你做到「同意」、「解釋」、「宣傳」、「做戲」這四點，要錢有錢，要名利有名利，什麼都給你。要是你不聽這八個字，就打壓你。這些年大學的一系列評選制度啊，其實就是一種新的科舉制度，靠這個來收編知識分子。

陳：您怎麼看新左派與自由主義之爭？

錢：原來，我很希望新左派與自由主義的爭論，能夠像1930年代那樣，轉變成對中國社會性質的分析和討論。我自己不是經濟學者，不是社會學者。但我覺得，要進入批判立場之前，得先把社會性質搞清楚，這本來應該是多學科的知識分子來共同完成的。但我覺得非常遺憾的是，新左派和自由主義很快地變成了互相聲討。

我自己有幾條底線，或最基本立場。一個就是，我反對一切對人的奴役，*反對一切專制*，反對專制主義。我所謂的專制主義是一個大的概念，不僅包括中國傳統專制主義；只要是對人的剝削、對人的壓制，在我看來就是專制主義。另一個立場就是*反中華中心主*

義，我對中華中心主義有極高的警惕。再一個就是，我堅持知識分子絕對要保持自己的獨立性。我覺得，知識分子和體制發生關係，這本身並不是問題。問題是你在跟體制發生關係的時候，或提出建議的時候，你是不是保持了你的獨立性？現在新左派和自由主義知識分子的根本問題，就是和體制的曖昧關係。有獨立性的很少，想當國師的、依附於體制的很多。

另外一個很大的問題是，他們彼此都把對方看成主要敵人，而我最反對這一點。把對方看成主要敵人，反而把體制給忘了。這就是魯迅說的，你們揪成一團，極權體制的維護者反而可以在一旁觀戰。兩派爭論如此激烈，官方從不干涉，原因就在於：你們都不構成實質威脅。

另外一個就是言論自由的問題。我覺得，不管新左派和自由主義有什麼分歧，言論自由應該是最基本的共同點。可是當政府打壓自由主義時，新左派非常高興。尤其在《冰點》事件上，有些新左派實在不像話，說當事人是漢奸應該判刑，這真是荒謬極了。你可以不同意他的觀點，批評他的觀點，但你怎麼可以想借助權力來壓制對方呢？這就過了線。《讀書》事件也是這樣，不管怎麼說，《讀書》事件顯然是對新左派的打壓。但是有些自由主義者竟然興高采烈，還對記者說汪暉這人就是壞，早就該如何如何──他們也是想借助權力壓制對方。我尤其不能理解：這到底是什麼自由主義啊？這其實都是魯迅說的「乏」。

江澤民把老左派的《中流》雜誌關掉，我就很反對。後來別人問我說，老左派一直打壓你，你為什麼反對關掉《中流》？我說那是兩回事，對不對？那件事之後，我就懷疑中國到底有沒有真正的自由主義知識分子？要講自由主義，言論自由絕對是一個前提。我覺得中國知識分子很大一個荒唐是：不爭取自己的權利，老想為別

人爭取權利。許多知識分子，當然也包括我，大談工農的權利，卻很少談自己的權利。但我心想，你維護工人農民當然是對的，但同時也得維護自己的利益。**對知識分子來說，最起碼的要求是言論自由、出版自由，還有結社自由**。這是知識分子最基本的要求，對不對？但是知識分子自己不講這個，自己不談言論自由、出版自由。這讓我非常驚奇，百思不得其解。我給北大的學生演講，我說現在大學裡面，青年教師是弱勢群體，應該起來爭取自己的權利。我的意思是說：新左派、自由主義，不管有什麼分歧，你們能不能聯合起來爭取言論自由、結社自由？但是現在沒人響應我這觀點。

陳：新左派老是說自由主義不關心社會公正，您怎麼看？

錢：目前中國政府很多專制的東西，起來反應的主要是自由主義者，他們經常發動集體簽名。如果講理念的話，新左派更強調公正，但一到了具體的維護人權這些事情，支持自由主義的人反而比較有行動力。奇怪的是，新左派反而沉默。新左派有自己的文章，關心環保問題，也做了一些工廠調查，等等。但對於現實的維權抗爭，他們常常保持沉默。這其實對他們是很不利的。

九、對民間組織的期許

陳：我知道有些搞民間組織的朋友，是不太願意介入新左派、自由主義這些意識型態辯論的。

錢：今天還沒講到的另一個題目，就是民間組織。我認為，一定要恢復自下而上的民間參與，才能使改革有群眾基礎。現在中國的民間力量有兩種，一種是維權的，這我接觸較少。維權運動，某種程度是直接對抗政權的一種反抗力量。另外一種民間力量，就是我參與比較多的青年志願者組織、慈善組織、NGO組織。我覺得中

國最根本的問題就是立人問題，基層老百姓、包括農民的啓蒙是很重要的。所以我相當支持、鼓勵青年志願者到民間去、到農村去。

　　李大釗在五四前夕有篇很有名的演講〈青年和農村〉，他說現在大家想搞憲政民主，但如果農村不改變，憲政民主要怎麼落實？如果到處都是欺騙農民選票的政客，怎麼辦？台灣就有這問題，是吧？所以說，真正要搞憲政民主的話，它必須落實在農村，因為農村人口占大多數。農村要改造，農民要覺醒，才能使中國的憲政改革有最堅實的民眾基礎。五四的時候，李大釗就提出這觀點，我看了刺激很大，感覺歷史好像又要重演。自由主義者談憲政民主，我並不反對，但如何落實憲政民主？這才是最根本的問題。

　　我的憂慮是，按照中國現在這種狀況，如果像台灣一樣開了黨禁報禁，很可能會造成更大混亂。所以，我認為應該從農村基層、從學校教育、中小學教育做起，才能改變魯迅說的大染缸，才能創造出接受新思想、新制度的新土壤。

　　陳：您對青年志願者似乎有很高的期待？

　　錢：我非常支持青年志願者的行動。青年志願者屬於1980年代後的理想主義者，他們已經開始對現狀不滿，想要尋找新的出路。我跟青年朋友說，你們可以發揮毛澤東說的「先鋒橋樑」作用，因為現在又到了青年知識分子和工人農民相結合的時候了。我說，你們這一代的最大問題，就是沒有信仰，沒有生活的目標，那要怎麼解決問題？兩條路：一條是讀書，廣泛吸收各種精神資源；另一條就是到農村去。你到農村去，知道了什麼是中國，到那個時候，你的生活目標、你該怎麼做，會出現一個答案。這些孩子們的活動力很強，我要做的事情，就是給他們提供精神資源，把我的專業知識轉化成教育資源。我提一個觀念，叫做「志願者文化」。我提出四個重建，就是制度重建、文化重建、價值重建，還有生活重建。對

年輕人來說，我認為最重要的是價值重建和生活重建。每一個志願
者組織，都可以看作一個小的公民社會，一個小的公民學校。年輕
人可以在這樣的公民學校裡，學習怎麼對待物質和精神的關係，怎
麼對待個人和群體的關係，怎麼建立新的生活方式。

哈維爾有個「存在革命」的觀念，意思是說：我們先不動現行
體制，先從我們自己開始，從眼下開始，從改變我們自身的存在開
始；從新的小群體開始，實驗新的價值理念、新的生活方式，然後
逐漸擴大。這是漸變，不是革命。

我現在已經把我的工作轉向年輕這一代。我告訴你一個數字，
這數字是很讓人興奮的。據民政部統計，這是已經打折扣的了，現
在民間志願者組織，全國已經有33萬個。如果每個組織只有30個人
的話，就有1,000萬人參與；如果每個組織的受益者有30個人，就有
1,000萬人受益。如果能繼續發展下去，會是非常可觀的。所以我非
常敬佩《民間》雜誌，我現在準備寫一篇長文章，研究《民間》雜
誌。

陳：《民間》雜誌已經被停掉了。

錢：對，政府對志願者組織的心態是很矛盾的。一方面，沒有
民間組織的參與，政府很多事都辦不了。像四川震災，全民都接受
了資源整合概念，志願者組織獲得了很大的合法性。但另一方面，
政府當然想要控制、防範這些民間組織，因為這某種程度是一種結
社啊，只是這種結社不帶政治性。我認為，我們不應該把政治觀念
強加於青年志願者身上，不應該鼓勵他們去搞政治性運動。

十、立足民間的社會民主主義者

陳：您追求「社會民主」的精神很強烈，也很特殊。19世紀的

古典社會民主運動，既要求社會平等，也爭取個人的解放與自由。但在中國，這個政治傳統卻似乎沒有力量。您剛才說，在江時代以前，社會民主思潮比較占優勢。但其實，真正主張自下而上爭取社會平等與個人自由的社會民主主義者，在中國始終是少數？

錢：我也想過，如果要概括我的立場，就是「社會民主」。如果說我有正面主張的話，我是主張**社會民主力量**這個東西的。我跟黨內老幹部不同在哪裡呢？我的很多觀念是在社會底層形成的，我就是站在平民這邊，站在底層這邊。還有就是受到魯迅的影響，以及1957年反右到文革的個人經歷，等等。你剛才問我，爲什麼社會民主在中國沒有得到很大的發展？我的回答是：**因為它始終沒有形成獨立的力量啊！**比如說，中國社會民主運動的一個高潮發生在1948年，就是我那本《1948：天地玄黃》的研究對象。但1948年那個高潮，有個最基本的問題。當時，那些知識分子有個錯誤判斷，就是把希望寄託在毛澤東身上。他們認爲毛澤東可能是一個社會民主力量，這也是爲什麼他們選擇留下的一個主因。

然後第二次，就是1957年反右運動中，挨批挨整的那些青年學生。那些學生不可能有很堅實的理論基礎、言論基礎、學理基石，他們某種程度是用激情去評論他們的感受。當時，比較有整體思考的是顧准。但是顧准那時候呢，也有同樣一個問題。長期以來，把毛澤東和社會民主主義連在一起是很自然的。所以顧准的社會民主思想，跟毛澤東還是糾纏在一起的。

我自己也不例外，直到1980年代才逐漸擺脫毛主義的影響。文革後的民間社會民主運動，剛剛已經講過。總之，這幾次社會民主主義的高潮，最後都無疾而終，因爲都沒有形成一股獨立的力量。

陳：大陸搞了那麼久的平等主義革命運動，今天卻出現這麼嚴重的不公正、不平等，您如何理解這個反差？

　　錢：大陸的平等主義運動，實際上是跟**民粹主義**連在一起的。我一直想保護魯迅資源，因爲魯迅反對把「平等」扭曲成絕對的平均主義。在中國，平等這概念不斷被歪曲、被曲解，到底是爲什麼我也搞不清楚。

　　大陸有個嘲諷，不曉得你聽過沒有？所謂最講精神的國家，是最不講精神的；最講平等的國家，最不平等。所以外界很難懂得中國，外國人覺得中國簡直不可理解，從一個極端跳到另一個極端。毛澤東把平等提到一個絕對的高位，但現在的中國卻是一個最不平等的國家。

　　陳：您批判一切專制主義，批判現代中國的一黨專政。但目前看來，中國要告別一黨專政，還是漫漫長路。您對大陸未來的政治發展，感到樂觀嗎？

　　錢：總體是悲觀的。而且我早已斷言，我這一輩子看不到，我絕對看不到。不過我的態度是，總體悲觀但具體積極，我能做到多少算多少，一步一步從自己做起，至少多做一點努力。

　　20世紀的中國政治有個明顯的問題，就是**一直沒有過一黨專政的關**。回顧歷史，中國有幾次是可能突破一黨專政的。第一次是在國共第一次合作的時候。第二次是在抗戰勝利之後，出現了第二次國共合作的可能性。對大陸來說，第三次應該是在1956年，民主黨派要求聯合執政的時候。後來，文革結束後，又出現了一次機會。但回頭來看，中國政治家始終都邁不過一黨專政這個檻。所以在這意義上，我一直很關注蔣經國在台灣走出的那一步。不管怎麼說，它在中國的民主經驗裡是很關鍵的一步。

　　陳：如果一黨專政改不動，沒有自主工會運動，也沒有政治言論和結社的自由，那要如何實現「自下而上的社會民主」呢？光靠志願者行動，似乎仍不足以動搖目前這種黨國資本主義。

錢：這也是我的問題所在。我的一個基本想法，就是要「**用權利來制約權力**」。從一個獨立知識分子的角度和立場出發，首先就是要爭取憲法所規定的**言論、出版和結社自由**。我關心社會組織的發展，動因也在於此：這是實現自下而上的「社會民主」的一個前提條件。但這在當今中國與世界，會遇到很大的阻力，首先當然就是體制所代表的既得利益集團。這將是一個長時期反覆的博弈過程，同時也還要警惕國際資本勢力的利用，要注意保持自己的獨立性。這些都是極其困難的，但卻是中國社會民主化道路上必須邁出的一步。如前所說，八九運動就是邁出這一步的最初努力，結果被無情鎮壓了。二十多年後，我們依然面臨這樣的爭取言論、出版、結社自由的任務，而且是更加迫切了。任何一個歷史提出的任務，是遲早要完成的，我們今天只能繼續完成六四未能完成的任務。據說現在有一種否定八九運動的思潮，但我認為它所提出的任務，以及它在中國社會民主化進程中的意義，都是不能否認的。當然，它也有不成熟的方面，它的經驗教訓是應該認真總結和吸取的。

作為一個深受魯迅懷疑主義思想影響的知識分子，我的憂慮也許還要深遠。我還關心實現了言論、出版、結社自由「以後」的問題。今天台灣已經面臨了這樣的問題，而且我敢預言，大陸「以後」所遇到的問題將遠比台灣還要嚴重、複雜得多。我深信，到那時候，如果我還活著，也還會提出新的質疑、新的批判。

但我們又不能因為認識、預見到言論、出版、結社自由並不能解決一切問題，並且會產生新的弊端，而就放棄今天爭取言論、出版、結社自由的努力。這都是一個歷史過程，是必須一步一步走過的。

我當然更知道，在當今中國，要爭取言論、出版、結社自由是極其困難的。如前面所分析，這是當局絕不肯讓步的四個底線中的

兩大底線。但正因為如此，我們非爭不可。一位朋友說得好：「要
保護言論自由的唯一手段就是：使那些企圖濫用權力的當權者們從
親身經歷中知道，一旦他們侵犯了言論權利，就一定遭到堅決的反
抗。除此之外，我們別無其他保障。」2006年新聞總署提出要「因
人廢書」，章詒和進行了堅決的抗爭，雖然沒有根本制止對出版自
由的干涉，但至少使當局以後再要「廢書」就不那麼肆無忌憚了。
因此，我對章詒和們始終心懷敬意。權利要靠自己爭取；想不經過
鬥爭就獲得憲法賦予的權利，只是幻想而已。

　　我一直堅持魯迅所提倡的「絕望的反抗」，就是儘管心懷絕望，
看透了一切，對結果不抱任何希望，也還要反抗。這既是對自己所
不滿意的現實的反抗，也是對自己的絕望的反抗，知其不可為而為
之。這是一種既清醒（擺脫了一切幻想）又積極（永不放棄努力）
的人生態度。你談到志願者解決不了中國的問題，這是當然的。我
對志願者運動的有限性是看得很清楚的。如前所說，我甚至不主張
志願者參與政治活動，這是從保護青年出發的；我從來認為中國的
問題要靠成年人來解決，尤其反對讓青年做犧牲。同時，我在關心
中小學教育、農村教育和青年志願者運動時，對自己所能發揮的作
用，一直是持懷疑態度的。它對我自己的意義，也許更大於實際的
社會意義和作用。

　　但我也有有限的樂觀，就是我在一篇文章裡所說：「**中國民間
社會裡，越來越多的人，在關注，在思考，在討論，在行動，希望
就在這裡，在這裡。**」這也是魯迅說的：觀察中國，「狀元宰相的
文章是不足為據的，要自己去看地底下。」「要論中國人，必須不
被搽在表面的自欺欺人的脂粉所誑騙，卻看看他的筋骨和脊樑。」
「他們有確信，不自欺；他們在前仆後繼的戰鬥，不過一面總在被
摧殘，被抹殺，消滅在黑暗中，不能為大家所知道罷了。」不說別

的，單就是北京，你深入觀察一下，就會發現有許多沙龍。人們聚集在一起，並不僅是清談，也在力所能及的範圍內，做從不同方面促進中國變革的事情。這樣的民間聚集與行動，遍布全國，儘管這些力量目前仍是分散的。

　　體制內也有人在做事，他們的面目更加模糊不清，這也是極權體制的一個特點。每個人、每個群體所做的事情都是有限的，但其「合力」的作用卻不可低估，必將在某一機緣下，對中國的變革產生巨大影響。當下的中國大陸，問題極多，危機重重；但卻充滿活力，存在各種可能性，也有一定的活動空間。我甚至認為，在這樣一個時代裡做事情，有人歡喜，有人罵，還有人怕，這樣的人生或許是更有意義的。

為自由而限權
為福利而問責

————秦暉訪談

秦暉

1953 年生於廣西壯族自治區的首府南寧市。

1966 年小學畢業，進入南寧四中，成為造反派組織「毛澤東主義紅衛兵」的成員。

1969 年初中畢業後，要求插隊，在雲南、貴州、廣西三省交會處、
屬於百色地區的田林縣，一待 9 年多。

1978 年考上蘭州大學碩士研究生，專攻土地制度史和農民戰爭史，
後擴及古代經濟史和中外比較經濟史。
曾任陝西師範大學教授，現為清華大學歷史系教授。

寫有《田園詩與狂想曲》、《天平集》、《市場的昨天與今天》、
《耕耘者言》、《問題與主義》、《政府與企業以外的現代化》、
《經濟轉軌與社會公正》(與夫人金雁合著)、《傳統十論》、《變革之道》等著作。

1990 年代以降，積極介入當代中國思想界的改革論爭，
率先提出「大分家中的公正」問題，力陳專制分家和民主分家之不同。
晚近從「為自由而限權，為福利而問責」的角度，左右開弓，
為憲政民主的漸進實現尋求出路。

一、斯托雷平式的改革道路

陳宜中（以下簡稱「陳」）：秦先生，能否請您先談談六四事件後的那幾年？那時，您如何看待中國的未來？

秦暉（以下簡稱「秦」）：1989年以前，我對現實應該說是比較樂觀的。不管是市場經濟也好，民主政治也好，都是我們認為應該要走的路，1980年代的中國也朝這些方向在走。但到了1989年以後，中國好像一下子不知道該怎麼走了。當時有一種很流行、很悲觀的說法，就是說改革已經完蛋了，中國會回到過去。但當時我就覺得，中國不太可能再回到過去。

我是研究歷史的，在1989年之前我主要搞古代史，寫過馬其頓道路和雅典道路，就是關於走出氏族社會的兩種選擇。氏族社會的族長治理是一種溫情脈脈的「長者政治」，「父權」建立在「父愛」之上，但後來發生了危機。在雅典，「長者政治」變成了「眾人政治」，大家的事不能家長說了算，應該大家決定。在馬其頓，「長者政治」變成了「強者政治」，家長開始以權謀私，奴役子弟了。前者出現了民主，後者建立了王權，但溫情脈脈的「大家庭」都已成為過去。兩者都建立了私有制：雅典是小農私有，馬其頓是托勒密式的皇家大莊園。在這個過程中，王權與民主打得一塌糊塗，但很難說誰是「保守派」，因為雙方不都在挖「大家庭」（氏族公社）的牆角嗎？

金雁（按：秦暉的夫人）那時做的是近代史，她覺得中世紀相對於資本主義而言也是溫情脈脈的，尤其是俄國。近代向市場經濟過渡主要就是要解決傳統農村公社的問題，但也有民主解決和專制解決的不同。專制解決的典型，就是在鎮壓了1905年民主運動後出

現的斯托雷平[1]改革。

陳：斯托雷平在1905年第一次俄國革命後所搞的經濟改革，跟1989年後的中國現實有什麼關係？

秦：六四事件一出現以後，我和金雁都有一種直觀，就是中國改革很可能不會中止。因為，溫情脈脈的大家庭只要臉一撕破，就不可能再回到原來的樣子。1905年俄國民眾本是舉著「慈父沙皇」的像上街的，沒想到沙皇以「流血星期日」來回應。1905年的杜馬本是沙皇抬舉「忠君的農民」來制衡搗亂的市民，用「親農民的選舉法」搞出來的「農民杜馬」，但沒想到它變成了「暴徒的杜馬」。俄國就再也不是過去的俄國了。1989年中國民眾也是這樣。過去官民有矛盾，但「父母官」與「子民」（或「人民政府」與「人民」）總還是有層「父子」關係的面紗。共產黨沒想到老百姓反抗得那麼激烈，老百姓也沒想到共產黨會鎮壓得那麼血腥；一旦鬧到這種地步以後，就不太可能回到過去。

當時我們覺得，沒準六四事件還會促進改革，因為有很多東西原來礙著面子是不好搞的，真正把臉撕破了反而好搞。1989年以前改革會碰到的「闖關失敗」（就是百姓一抱怨，改革就要刹車），到1989年以後就沒這問題了：槍我都開了，還怕你抱怨？就像維特伯爵評論斯托雷平改革：那是一種員警式改革。但政治體制的改革倒退，經濟上又長驅直入，這種改革會產生什麼後果，就很難說。

陳：您很早就開始寫「大分家中的公正」問題了。

秦：1990年就開始議論了。1989-91年，先東歐後蘇聯，都劇變

1 　斯托雷平（1862-1911），俄羅斯帝國政治家，曾任內政大臣（1904-1905）和大臣會議主席（1906-1911）。斯托雷平的任期以鎮壓革命勢力和土地改革而著稱。

了。中國將來會怎麼樣，就成了大家議論的話題。

最早我們關於斯托雷平改革的議論，很多是來自列寧的。他對斯托雷平改革的很多評價，非常到位。譬如，他認爲當時俄國的問題已經不是新舊制度的對立，而是「通往新制度的兩條道路」（普魯士道路或美國式道路）的選擇。這個說法不是列寧先說的，但他是說得最多的，也是說得最透的。

陳：您認爲1989年後中國走的是普魯士道路？

秦：或者說，是斯托雷平式的改革道路。前面所謂的普魯士道路或美國式道路，只是用來描述「*專制分家*」或「*民主分家*」的兩種語言符號。

關於南巡以後的這一波改革，我們當時一個感覺就是：要對這改革持批判的態度，而不能沒有原則地進行肯定。但另一種聲音也很快就出來了，就是認爲不分家更好，認爲鄧小平最大的問題就是把大家庭給搞掉了，甚至還認爲文革時代有多好。這種新左派的輿論，我們當然也是很不同意的。

像這樣的爭論，不折不扣就是1905年以後俄國人討論的翻版。當時有些俄國人說：斯托雷平雖然把1905年的憲政運動鎮壓下去了，但他那套經濟改革還是符合歷史潮流的。既然斯托雷平搞市場經濟，就贊成他！他不搞民主，無所謂！不搞民主可以有兩種解釋：一種是說俄國根本不需要民主；另一種是說即使需要民主，這條路走下去，遲早也會有民主。不管怎樣，這些人都認爲斯托雷平的搞法是對的。

但俄國民粹派卻認爲，斯托雷平倒行逆施，把俄國最好的農村公社傳統給顛覆掉了。如果以前有多好多好，現在就給斯托雷平的改革搞得人心不古、世風日下了。所以，民粹派的目標就是要回到過去，要復興農村公社。

當時，俄國馬克思主義者是不看好農村公社的。在這一點上，俄國馬克思主義者和現在中國左派唱的調子完全相反。俄國的左派，不管是孟什維克還是布爾什維克，從來沒有說斯托雷平改革以前的沙俄有多好。

陳：當時，俄國馬克思主義者怎麼看斯托雷平的改革？

秦：按馬克思主義的傳統說法，俄國在斯托雷平以前的農村公社，是屬於亞細亞生產方式的，是專制主義的基礎，和東方專制主義是連在一起的。馬克思主義者肯定不贊成這個東西。當時只有民粹派主張在俄國搞社會主義，與這個說法決裂成為俄國馬克思主義誕生的標誌，也是後來俄國馬克思主義與民粹主義的分野。當時連列寧也承認，俄國的前途只能是資本主義，社會主義要在資本主義發達後才有可能。

但馬克思主義者也不能贊成用剝奪民眾的方式來走向資本主義。所以，當時有些馬克思主義者說：斯托雷平的改革我們仍然要反對，因為它還不夠徹底，還保留了很多俄國的舊制度。可是列寧不同意這個說法。列寧說：斯托雷平比我們都徹底，因為我們原先提出來的那些主張，斯托雷平都實現了。在斯托雷平改革以前，是俄國社會民主黨提出農民要有退社的自由，農民要擺脫村社束縛，獨立地走向市場。列寧還特別指出：這是當年社會民主黨土地綱領的唯一內容。

陳：列寧當時的立場是什麼？

秦：列寧在當時的論戰中，是想要為反對斯托雷平尋找理由。民粹派要反對斯托雷平改革是很容易的，因為民粹派是反對市場經濟的，是主張捍衛農村公社的。那麼，馬克思主義者憑什麼反對斯托雷平？馬斯洛夫的理由是：斯托雷平搞市場經濟是對的，但不夠徹底。很顯然，這個說法說服不了人。

事實上，這也正是我們這些持反對派立場的知識分子在1992年以後的困境。我們以前說中國應該搞市場經濟，但現在鄧小平都搞了，搞得比我們想像的還要極端。我們從來沒有設想過國有資產可以隨便送人，工人想攆走就攆走，但他都做了，那怎麼還能說他不激進？列寧當時要解決的就是這個問題。

他講，我們不主張恢復農村公社——這是我們和民粹派的不同點。但我們也不贊同為了瓦解農村公社、實現私有制，怎麼搞都行——這是我們和斯托雷平的不同點。我們也不認為斯托雷平不夠激進、還想保留農村公社——這是列寧跟馬斯洛夫的爭論點。

列寧說，斯托雷平代表了普魯士道路，而我們堅持的是美國式道路。美國式道路的前景是什麼？就是獨立農莊，搞民主分家。列寧那個話講得很清楚，他說獨立農莊可以解決俄國中世紀的一切問題，搞了獨立農莊俄國就不會有饑荒。我認為列寧講得很到位，他談的其實就是「民主分家」與「專制分家」這兩種選擇。

當然，1917年以後，列寧就不再這麼講了。

二、當代中國的左派與右派

秦：不管是權貴私有化還是民粹派，這兩種觀點我們都不能接受。但1992年以後，這兩種觀點卻變成了中國的主流。

用我的話講，「怎樣分家」的爭論，比起「要不要分家」的爭論更要鬧得你死我活。第一，原來在爭論要不要分家的時候，雙方都還是有溫情脈脈的一個面紗在那裡罩著。可是一旦要分家，就完全撕破臉了，雙方的利益取向都變得非常明確。第二，如果你把家產都獨霸了，然後把我們都踢出來，我們能服氣嗎？雖然被踢出來了以後，我們不見得就比原來過得差，但因為分家不公，我們還是

很不滿。這就是1992年後中國的寫照。

在俄國的斯托雷平時期，至少在1914年開戰以前，一般老百姓的生活也不比1905年以前差。這是很明顯的，也是當時反對斯托雷平的人都承認的，包括列寧也都不得不承認。但大家的不滿就是比以前要強烈得多了。

陳：您提到，1992年以後中國有兩種主流觀點：一種是支持權貴私有化的右派觀點；另一種是民粹左派的觀點。能否請您進一步談談您對中國左派和右派的批評？

秦：在憲政國家，左派反對自由放任（現在的說法是「新自由主義」）而右派反對福利國家，這是很自然的。憲政民主國家的權力來自民眾授予，授予的唯一目的就是要你承擔責任、提供服務。要你承擔更多責任保障福利，就得給你更多權力；怕你妨礙自由，就給你更少權力，就無法要求你承擔更多責任。但權責對應則是兩者共同的，權大責亦大，責小權亦小。

但專制國家則不然，它的權力並非來自民眾授予，也無須對民眾承擔責任。這就會造成權力不受限制，責任也不可追問。權力太大則民眾自由少，責任太小則民眾福利少，兩者同時發生。這樣就不存在二者擇一的問題。面對權既不受限、責亦不可問的統治者，當然就應該限權與問責並行。

面對專制國家，一方面我嫌你盡的責任不夠，沒有為我提供更多的服務；另一方面我又嫌你的權力太大，老是剝奪我的自由。所以，我要限制你的權力，要追問你的責任。專制國家的問題是權力太大而責任太小，但到了憲政時代就沒這問題了，因為憲政時代自然而然的，權力和責任就是對應的了。左派說我要你承擔那麼多的責任，所以不能不授與你更多的權力；右派說權力太大非常危險，所以也不指望你承擔太多的責任。但左派右派都共同不能容忍的，

就是你只有權力而沒有責任。實行憲政以後，這種權力和責任不對應的問題就沒有了。

我在美國有過一次演講，回答過一個人的問題。他說他不明白中國現在是左派得勢還是右派得勢？如果是左派得勢，為什麼對勞工這麼糟糕？如果說是右派得勢，為什麼很多中國人現在大批新自由主義？我說道理很簡單：西方國家的左派右派，在中國都不可能得勢。你們的左派老要追問政府的責任，你們的右派老要限制政府的權力，但這種左派或右派都是中國政府不喜歡的。**我們中國政府喜歡左派為它擴大權力，喜歡右派為它推卸責任。**當然啦，最好、最乖的立場，就是既反新自由主義，又反福利國家。你反新自由主義，我可以把自由弄得小小的；你反福利國家，我可以把福利也弄得小小的。如此一來，人民既沒有自由也沒有福利，政府卻可以權力最大而責任最小。

我覺得，憲政民主就是在「限權」和「問責」這兩個過程中實現的。一方面你不斷強調為自由而限權，去限制國家的權力；另一方面你不斷強調為福利而問責，要求它、強迫它承擔責任。這樣的話，它權力太大而責任太小的狀況，就會逐漸得到改善。到最後，當它的權力和責任對應的時候，我們離憲政就很接近了。

三、「福利國家」與「官僚資本」

陳：您主張福利國家但反對俾斯麥主義？

秦：我反對俾斯麥的專制主義，但我當然贊成當時社會民主黨的社會福利要求。社會民主黨向國家要求福利，我從來是贊成的。但俾斯麥以搞福利國家為理由來限制自由，我當然是反對的。

什麼叫福利國家？魏瑪共和時期出現的德語Wohlfahrstaat和二

戰期間英國威廉湯樸啓用的Welfare state這個詞，都是指民主國家。專制國家當然也可以搞福利，但那是皇恩浩蕩，不賜給你也不能索要。只有民主國家，公共福利才能成爲國民要求於「公僕」的一種責任，有了理所當然，百姓無需感謝；沒有就要問責，當政者難辭其咎。瑞典「從搖籃到墳墓」都是政府責任，有誰爲此山呼萬歲？瑞典右派不喜歡福利，但他們執政時也不能不搞，爲什麼？老百姓要你搞，不搞就請下台！哪像毛澤東時代的中國，農民沒餓死就得感謝「大救星」，餓死了你也不准抱怨！這是第一。

第二，民主國家有高福利如瑞典，低福利如美國，但高福利、低福利都是照顧弱勢者、照顧窮人的，都是增加平等的。低福利無非是照顧得不夠，或者只照顧最弱勢的，不管次弱的。但專制國家的福利通常是強勢者的特權，用黃宗羲的話說就是：「利不欲其遺於下，福必欲其斂於上。」我稱之爲「負福利」，它是增加不平等的，比「零福利」還不如。我國過去工資差別不是很大，但是福利「待遇」等級森嚴、天地懸隔。不平等主要就是由「負福利」造成的。

美國的國家醫療福利Medicaid和Medicare只管國民中占18%的老人和最窮人，不像歐洲醫療福利往往全民覆蓋，因此被指責爲福利太低。但中國過去的公費醫療覆蓋率絕不會比美國高，卻是從高官覆蓋起，大多數國民尤其窮人是沒有份的。前衛生部副部長退休後曾披露說：中國公費醫療的錢80%花在官員身上。連毛澤東都說那是「城市老爺衛生部」。

再如，美國從沒聽說給總統分房，但失業黑人可以申請福利公屋，當然公屋區治安惡劣被詬爲slum，爲高福利的歐洲人恥笑。但中國卻是相反，官員享受國家配給的豪宅（過去是終身享用，現在更是送你成了私產），而工人多住「工棚」集體宿舍，占人口絕大

多數的農民只能自營其窟。沒有「單位」的失業者，不要說「分房」了，自己蓋個窟還是「違章建築」要被抓；如果流浪街頭，甚至可能像孫志剛那樣被「強制收容」後死於非命。

這樣的「負福利」體制，如今卻被「左」「右」兩邊的一些朋友套進「自由競爭還是福利國家」的假問題中。「左派」把毛時代的負福利當作「福利國家」，抱怨改革破壞了它；「右派」則在一個負福利之國極力排斥正福利，似乎政府不管百姓死活就是「自由秩序」了。

我認為，在負福利體制下不存在「自由還是福利」的問題。對特權化福利，我就是極端自由主義者，亟欲取消之。但弱勢者的福利中國過去幾乎沒有，現在是亟需建立的問題，何談取消？在這方面，我就是社會主義者。中國現在既需要增加自由（為此要對政府限權），也需要增加福利——當然是正福利（為此要向政府問責）。

如果真正要從西方的左派傳統中尋找資源，與其找新左派，還不如找老左派。我所謂的老左派並不是指毛派，而就是馬克思那個年代的歐洲左派。他們當時面對的歐洲各國政府，還都不是我們現在看到的憲政民主政府，基本都還是俾斯麥啊、比俾斯麥還不如的那些人。馬克思那一代的社會主義者，很多的問題意識是從面對這類專政政府中產生的，像馬克思就認為那時的「國家干預」（類似於我剛才講的「負福利」）比自由放任還糟糕。17世紀主張國家管制的重商主義，不如主張自由貿易的重農主義；18世紀主張國家管制的德國歷史學派，不如主張自由競爭的英國古典學派；柯爾貝不如魁奈，李斯特不如亞當斯密，為什麼？就因為那時的國家是專制國家。左派贊成國家干預，是以這個國家是民主國家為前提的。

就是中共自己在野的時候，對這問題都很清楚。笑蜀編了《歷史的先聲》，把中共當年反對國民黨一黨專政、要求憲政民主的言

論輯到一起。中共那時要求民主（而且明說是「西方式民主」、「美國式民主」）的言論比今天的海外民運都高調。後來官方禁了這本彰顯自己「光榮歷史」的書。這本書涉及的是政治，但經濟又何嘗不是如此？國民黨經濟上搞國家管制、國家壟斷，共產黨同樣罵得厲害。那時共產黨把中華民國的國有資產叫「官僚資本」，而私營企業叫做「民族資本」。官僚資本被列為罪惡的「三座大山」之一，而國有經濟排擠民營經濟，那時被共產黨叫做「官僚資本摧殘民族資本」。據說就是因為國民黨不民主，它的國家管制就是罪惡。但共產黨掌了權，國有資產換塊牌子就從最「反動」的東西變成了最「先進」的。所以我最近說：市場化經濟改革根本不需要什麼「思想解放」，只要把共產黨當年的說法拿過來，讓「民族資本擺脫官僚資本的摧殘」，不就是對民主的私有化運動最好的解釋嗎？

左派支持福利國家，是以「民主政府」為前提的。但今天的中國真的有了「民主政府」嗎？今天中國的國家管制與國有經濟，是「官僚資本」呢，還是「民主福利國家」？現在的西方新左派，已經完全沒有這個問題意識了，因為他們面對的都是20世紀以後的憲政民主體制。中國左派還不如從西方老左派那裡去吸取資源，包括對專制政權的抵制。

我最不能接受的，就是現在新左派大批新自由主義，右派大批福利國家。理論上我完全同意，不管是新自由主義還是福利國家，都有很多毛病。而且這兩者，應該說現在都處在危機之中。但在中國，我們面對的根本就不是「自由還是福利」這種問題。

四、「超越」？「折衷」？還是「共同底線」？

陳：您曾經提出「共同底線」論，主張中國左派右派共同為憲

政民主奮鬥。能否請您說明「共同底線」的意義何在？

　　秦：我有位朋友去了一趟美國和瑞典，回來就說，美國和瑞典的制度都不好，我們都不能學。他說美國太強調自由，不管窮人，福利太少，這些我們不能學；瑞典的福利搞得太過分，搞得大家都沒有創業的積極性了，所以也不能學。可是後來我就說，你如果說美國的自由太多，我們學不了，那我們可以學他們的福利嘛。美國人的福利在瑞典看來是很低的，但比起中國人現在享有的福利還是高得太多了。瑞典也是一樣，如果說在美國人看來瑞典是個很不自由的國家，但瑞典人享有的那些自由我們中國人能享有嗎？

　　陳：主要差異在於經濟重分配的程度，其實瑞典人享有的自由權利不少於美國人，甚至多方面超過。

　　秦：你講的是政治自由，但即使是經濟自由，瑞典也不過是再分配的比例較大；對於再分配之後給個人的那一部分產權，它也是保障得很。比如說，瑞典不可能有強行徵地拆遷這種事，不可能明明是老百姓的東西，國家想搶過來就搶過來。瑞典也不可能搞戶口管制，取消遷徙自由，對進城農民搞野蠻「城管」吧？所以，中國現在老實說，自由不需要像美國那麼高，瑞典那麼高也行；福利也不需要像瑞典那麼高，美國那麼高也行。

　　陳：「共同底線」是指「憲政民主」交集？這是超越左右嗎？

　　秦：恐怕還談不上超越。「超越」是你的要求比人家更高，比如你要求比美國更大的自由，又要求比瑞典更高的福利，兩者都超出現有的，那就是「超越左與右」了。但我講的也不是調和或者折衷。如果你要求的福利低於瑞典但高於美國，你要求的自由低於美國但高於瑞典，就是說兩者都是居中的水準，那才叫折衷。但是我們現在要求的，是福利不能低過美國吧？自由不能低過瑞典吧？這就是「底線」了。這個底線是人家早已越過而我們還達不到的，談

何「超越」？如果我們的福利不僅達不到工黨的要求，甚至達不到保守黨的要求；如果我們的管制和壟斷不僅保守黨不能容忍，連工黨都不能容忍，這還能講「超越」嗎？

有人質疑說，談問題不能這麼急功近利，就只談眼前的。比如說，將來中國如果實現了憲政民主，那你講的「共同底線」已經達到了；但到時，要是左派和右派發生爭論，你支持哪一邊？

對於我來講，自由主義和社會主義的這種爭論，涉及到人性中很難解決的一些問題。老實說，我既不像現在的左派朋友，也不像現在的右派朋友那麼自信，我寧可承認我還是一個比較笨的人。我認為社會主義事業也好，自由主義事業也好，它的生命力都不在於有多少人擁護這種意識型態。比如說東歐，儘管它的產權改革是在民主化的條件下搞的，比我們要規矩得多，沒有中國搞得那麼黑；但東歐人進入市場經濟，照樣還是有覺得很不自在的地方，因為這東西還是有風險，還是有不確定性。也就是說，現在東歐左派的主要基礎，並不在於東歐有多少人希望有個盡善盡美的平等社會，而在於大部分的人在市場經濟劇烈競爭的情況下，有沒有迴避風險、追求安全的取向。

反過來講，自由也是一樣。我相信即使在西方，不自由毋寧死的人也極少極少。但如果人們有私心（不是「性惡論」講的人必然自私，而是說不能排除人可能自私），自由制度（經濟上靠交換不靠分配，政治上權力必有制衡）就會有無法取代的生命力。按我的說法，自由主義之所以有生命力，並不是因為有多少人特別愛好自由，而在於天底下沒有哪個國家能完全把人的自私一面給搞掉。

社會主義與自由主義，兩者都有人性侷限的根基在裡頭。沒有一批無私的理想主義者，社會主義不會有道德感召力；猶如沒有一批「不自由毋寧死」的錚錚勇者，自由主義不會有道德美感一樣。

但如果只靠這兩種人，這兩個「主義」只能供思想家把玩而已。它們能成得了大氣候，都是因為迎合了人性的不完美。如果工人階級真是「毫不利己專門利人」，又怎麼會對「被剝削」不滿？怎麼會追求增工資減工時？如果人人都不自由毋寧死，工人都去當流浪漢，餓死也不願受雇傭被管理，資本主義還能存在嗎？人性中有自主而滿足欲望的要求，也有求庇護以躲避風險的要求。人們都會在兩者間權衡，願意交出一些自由，換取一些保護，只不過每個人的「開價」不同而已。有人更依賴保護而願意多交出一些自由，他們就投了左派的票；有人更重視自由而寧願少一些保護，他們就是右派的選民。但我們起碼應該做到一點，就是讓人們能夠按自己的權衡做出選擇，這就是「共同底線」了。

用我的話來說，如果原來的分家是公平的，現在多一點自由，多一點競爭，少一點保護，我覺得是可以的。但如果分家分得很不公平，比如說掌權的人把大家的東西都搶過去，把你一腳踢出去，然後說現在要競爭了，你們「只不過從頭再來」（按：這是世紀之交中國中央電視台反覆播送的一首「下崗工人之歌」歌詞），那怎麼可以呢？在此情況下，只能有兩種選擇。一種就是**搞一場清算，推倒重來**。但如果這樣，社會要付出很大的代價，所以我不傾向這種做法。如果不想這樣做，就不能迴避事後彌補的工作，不能迴避所謂的**高稅收高福利**，所謂二次分配的合理性。這是第二種選擇，它實際上是在取代推倒重來的第一種選擇。諾齊克我就不用說了，因為他本來就主張要矯正的。哈耶克不主張矯正，但在面臨這兩種選擇時，我相信他也是寧可高稅收高福利，而不要推倒重來。

陳：在1990年代的自由主義與新左派論爭中，您是「政治自由主義」陣營裡面最早談社會公正問題的。當時，其他的政治自由主義者也意識到了這問題嗎？

秦：他們當時在公開場合表的態都是不反對談公正，而且經常引我做例子，說我們不是也有人在談這問題嗎？但他們自己談得很少。通常的解釋就是，他們不是搞經濟學的，不知道該怎麼談，但他們是支持的。是他們自己說，他們和張維迎那些人是不一樣的。用徐友漁的話來說，政治自由主義者和經濟自由主義者是不一樣的。而我和徐友漁的分歧在於：我不認為像張維迎那種主張，就是經濟自由主義。當然這是就張維迎公開發表的文字而言，他說他有些話不好講，這我就不知道了。

經濟自由主義極端不極端，其實就表現在它的方向上。不那麼極端的，也許主張80%私有化；更極端的，也許主張100%私有化。但在「怎樣私有化」的問題上，不存在極端不極端的區別。再極端的經濟自由主義者，就算主張100%私有化，也沒有要你這樣搶啊！劉軍寧有次跟我說，我們那些經濟學家總有這樣一種想法：現在反正不能搞民主，而國有企業有很多毛病，所以不管怎麼腐敗怎麼不公平也要把它搞掉。我說，這個說法我也能理解，但前提是共產黨要明確表示：國有資產就這麼多，搞掉就真搞掉了。可是當局從來就沒有承諾過這一點，當局從來都是一手搞私有化，另一手同時又搞國有化。它既侵犯國有財產，又侵犯老百姓的私有財產。**它把老百姓的私有財產，用左的那一套搞到國庫裡頭；又用右的那一套，把國庫裡的財產搞到自己口袋裡頭。**所以，張維迎的那些說法有什麼根據呢？私有化搞了二十幾年，國有財產越搞越多，這是什麼極端的經濟自由主義？根本就沒有這一套！

五、低人權、高競爭力的發展模式

秦：共產黨現在每天都在搞國有化，那種所謂的國家財政占的

比重，每年都以30-40%的幅度在增加。國家在經濟整個盤子中拿去的那一塊，越來越大，只不過很多都表現為金融資產。中國的國有企業如果就資本總量來講，從來就沒有小下去過。曾經一度有國退民進的說法，但前幾年，早在郎咸平爭論之前，就已經出現了國有壟斷部門開始擴張的勢頭。

賣掉的，就是那些他們想甩包袱的。而且這整個過程，除了抓大放小以外，還不斷用大的去吃掉民間小的。典型的就是石油，在陝北不是沒收了很多民營的石油企業嗎？再加上在徵地拆遷這類問題上，那是明目張膽地沒收私有財產。再一個就是，國家拿走的國民收入太多了，不光是稅收，還包括行政性收費，「賣地財政」，各種各樣的調撥行為。

國家把這些東西拿去了，張維迎還說，國家想給誰就給誰。張維迎那種說法老實講是鼓勵了左派，鼓勵了不道德的左派去支持國有化。所以我覺得，今天中國的國有化也好，私有化也好，就是都得反對。就是**不能讓它用掠奪老百姓私有財產的方式來搞國有化，也不能讓它用偷盜公共財產的辦法來搞私有化。**

陳：國家掌握龐大的經濟資源，其中有多少用於二次分配？

秦：拿出來搞二次分配的錢很少。即使拿出些錢搞二次分配，大部分並不是分配給窮人，而是分配給有權有勢者。比如說住房公積金改革，它明擺著就是誰收入越多，誰得到的補貼就越多。高工資的，國家再補一塊；低工資的，補的就比較少；沒工資的，國家就不補。經濟適用房也是一樣。實際上，政府從農民那裡以給低收入者蓋房為理由，搶了他們的土地，給的錢很少，首先就坑了農民一把。然後再用這個土地，蓋了一百多、兩百多平米的房子，我稱之為廉價豪宅，再賣給富人，其中很多都是有權力背景的人。現在還有人公然地說：如果真的按照很多群眾的要求那樣，都建成八十

平米以下的小戶型，賣給低收入者，中國就會出現貧民窟！幸虧只是騙了他們一把，歪打正著避免了貧民窟！

陳：您怎麼看勞動合同法，以及勞動者的權益問題？

秦：勞工權益在中國是個大問題，其要害一是工人不能自組工會，不能集體談判、自主維權；二是國家權大賣小，只聚斂不保障。中國早該制定勞工法，但現在這個法管什麼用？兩個要害一個也不觸動，只是進一步給國家擴權，國家可以整雇主也可以整勞工，把保險費用都轉嫁到雇主和雇員。其他國家就多種多樣，有些是國家大包大攬的，有些是國家和企業雙方的，有些是國家、企業和雇員三方的，但都有國家這一塊。偏偏中國不是這樣！

陳：您最近說，中國這種**低人權、高競爭力**的發展模式，可能會通過跟世界接軌，對世界造成負面影響。

秦：道理很簡單。像中國這種低人權的狀態，如果是在封閉的條件下，它是不可能發生奇蹟的。北朝鮮也低人權，比中國更低；中國改革以前也是低人權，但並沒有經濟奇蹟。我的意思是說，低人權在開放的背景底下，是可以有一種所謂的競爭力的，就是所謂的劣幣驅逐良幣。關於這一點，一個參照就是南非。南非當年是非洲經濟發展最好的國家，也是世界上發展比較快的國家；因為南非一方面對外開放，另一方面把黑人當作一種既不給自由也不給福利的勞動資源來加以使用。但你看，南非民主化以後，它的競爭力就下降了。南非黑人的處境是比以前改善了，但南非在國際貿易、國際競爭中的那個競爭力，包括最近世界銀行給它的排名，都降低了不少。

像目前這樣的全球化，其實只有市場全球化，而沒有人權全球化。那麼很自然的，資本就從高人權的地方向低人權的地方轉移，商品就從低人權的地方向高人權的地方輸出，把高人權的地方的產

業都給替代掉。我們知道，發達國家的勞動階層的處境，比百年以前有很大的改善。現在西方左派反對全球化的理由是什麼？就是因爲全球化造成了他們資本的流出，還有像中國這樣低人權國家的廉價商品，或者說血汗工廠的商品的大量輸入。講得簡單一點就是，他們的資本現在不過剩了，因爲可以跑到中國來；他們的勞動力比以前更過剩了，因爲中國貨把他們的工作替代了。所以西方左派反全球化，我當然能夠理解。但中國「左派」跟著反的理由何在？要知道那種過程在中國是相反的：對中國來講，資本大量流入，就不再那麼稀缺了；我們的產品向西方輸出，也使得我們的勞動力不再那麼過剩。這樣一種資本和商品的相對流動，理論上是有利於我們的勞工階層或弱勢階層的。它之所以實際上並沒有給中國的勞動階層帶來多少好處，主要是出於政治原因。

陳：是說勞動階層沒有組合權利？

秦：中國的勞工階層根本就沒有討價還價的機制，既沒有工會也沒有參與談判的能力。儘管資本輸入、商品輸出本來是有助於提高勞工談判地位的，但礙於中國的政治體制，這並沒有成爲現實。

在這種情況下，假如中國真有左派，你說他應該持什麼態度？我認爲左派應該持的態度，不是抵制這種經濟全球化，把人家的資本攔住，也不是把我們的商品扣下來。我們不出口，他們資本也不進來，如果是這樣，我們的勞工階層不更過剩嗎？我們的資本不更稀缺嗎？勞工的談判實力不更下降嗎？左派應該做的是什麼呢？左派應該指出的是：**光有市場的全球化是不夠的，還要有人權的全球化，要有共同的人權標準。**

共同的人權標準不一定是共同的工資標準。根據勞動力的供求，根據國家的發達與否，中國的工資水平可以比別人低些。但發達國家的工人能組織工會，中國的工人卻不能組織工會，這種低人

權就完全沒道理。試想，中國的工人即使有了工會，他們的工資標準也不會達到美國的程度，但絕不會像現在這樣處於完全被宰割的狀態。所以我說，中國的左派，如果他們真是左派的話，就應該提出人權全球化，而不是連市場全球化都要堵住。可是現在提出人權全球化的人，恰恰被認為是右派。中國的左派積極主張中國的人權標準要不同於西方，講得簡單點就是中國人沒資格享受西方人那種自由。如果說右派有這種觀點還可以理解，左派有這種觀點，豈不是太奇怪了嗎？

六、沒有三農問題，只有一農問題

陳：您長期研究農民學，怎麼看所謂的三農問題？

秦：我從來不認為有三農問題，我認為只有一農問題，就是農民問題。而且所謂的農民問題，主要是指在中國體制下受到歧視的農業戶口居民的問題。隨著改革時代，兩億農民進了城，農民問題越來越變成是城裡頭的問題，其他的問題都是從農民問題派生出來的，都是人權問題。

你說農業有什麼問題？在國際上農業問題指的就是兩種：一種是很多不發達國家的農產品供應不足；另一種是發達國家的農產品過剩，包括台灣的某些農產品也有過剩問題。但中國現在，第一，不存在農產品的供應危機。第二，中國明擺著不可能成為農產品出口大國，也從來沒有這種政策取向。（在這個問題上，法國就跟美國叫板叫得很厲害，因為法國是世界第二大農產品出口國。）所以說，「農業」問題在如今的中國並不突出。

農村也一樣，你說農村有什麼問題？工業化城市化造成人口遷移，農村「衰敗」，但假如農民進城後能夠過得好，這是問題嗎？

假如農民在城裡被欺負，在農村也被欺負，這當然就是大問題，但這能叫「農村問題」嗎？為什麼不是城市問題呢？農民如果願意跑到城裡來，在城裡可以待得下去就待下去，那有什麼問題？他在農村待得好好兒的，他就在農村待得好好兒的。現在的問題是，農民在鄉裡待得好好兒的，但人家就要圈他的地；農民在城裡想要待下去，人家卻不允許他們在城裡頭有家庭生活。我覺得現在越來越大的問題，就是農民工的問題。它已經不光是拖欠工資的問題，而是一些更宏觀的歧視問題。

比如說「三證」（「農民工」必須辦的一系列證件的俗稱，各地規定不一，北京的「三證」是暫住證、務工證、計畫生育證），就像過去南非黑人勞工必須攜帶Pass一樣，沒有就被抓起來做苦役。由於「孫志剛事件」引發抗議，現在比較溫和了，主要改成了罰款（南非後來也是這樣「改進」的）。我覺得稅費改革以後，主要的問題倒不是「農產品生產資料的價格上漲，比農產品的價格上漲還要快。」這個問題在各個地區、各種農產品產區的情況是不一樣的；有的是農產品漲價快，有的是生產資料漲價快，不能一概而論。但「三證」這樣的歧視怎麼說？種族隔離時代南非黑人勞工辦Pass還不用交錢，而我們的「農民工」辦「三證」，過去常常要付出相當於打工一個月的工錢！現在少點兒了，但如果「三證不全」被罰款，那就慘了。農村的人打工就要交這筆錢。城市裡只准他們打工，是不准他們安家的；雖然沒有明確這樣講，但政策取向就是這樣。國家不給他們蓋廉租房，他們也買不起商品房；要是他們自己蓋那種比較簡陋的建築，政府就說是貧民窟要取締的。

而有人居然大聲叫好，說中國不准窮人蓋「貧民窟」是偉大的奇蹟！但他就不說這些打工者是在何處安身。現在實際上是讓他們把家留在鄉下，自己單身住集體工棚，賣苦力到三十多歲，就打發

你回鄉自生自滅了。中國左派很荒唐的一點就在這裡。國外的左派批評貧民窟，那是罵政府的，是說貧民值得同情，說政府應該改善他們的住房。國內左派鼓吹反對貧民窟，其實是針對遷徙自由的，是說根本就不應該讓農民進來安家；是說農民蓋的房子都是違章建築，都是給社會主義抹黑的東西，更應該把他們趕走。中國城市，尤其是廣東那樣的地方，每隔幾年就大規模地展開所謂的拆違運動，就是清除違建運動。派出一大幫警察、城管，把打工者蓋的那些棚戶都給拆掉，甚至放一把火燒掉。在深圳，曾經一次就驅趕過一百萬人。以前南非也做不到這一點，你說這是不是低人權？

中國的農民問題，就相當於過去白人統治時期南非的黑人問題，幾乎完全一樣的。過去南非搞的黑人家園，就相當於我們一些人主張的新農村建設，目的就是為了讓農民回去。你可以來打工，但你不能在城裡安家，不能在城裡扎根。

陳：中國農民現在還有八億？

秦：九億。

陳：目前這種發展路徑，是否增加了民主轉型的成本？

秦：一旦民主化，這些人就成了暴民，你是這個意思嗎？

陳：不是，我不是從保守派的立場提問的。我的問題是：以目前這種發展路徑，要吸收九億農民還是很難的、很慢的，因此，至少要給農民起碼的公正待遇吧？如果種種歧視、剝奪無法緩解，這對憲政民主道路似乎是不利的？

七、所謂中產階級問題

秦：正是因為這一點，所以我們說，目前這個改革模式是很成問題的。有些人說經濟改革自然會導致政治改革，這不但不對，而

且還可能導致相反的後果。這相反的後果包括兩個層面，一個就是使得既得利益者越來越不想改革。他的權力那麼大責任那麼小，何樂而不爲呢？我覺得統治者要想改革，肯定要有一個前提條件，就是他的責任推卸不掉，權力又很難擴張。在這個情況下，他就可能跟你討價還價了。你給我多少權力，我給你承擔多少義務，給你提供多少服務，一旦有了這種談判，憲政機制就開始形成了。現在，我們還看不出有這種談判的可能。他的義務可以一點都不盡，權力卻可以大得無邊，那怎麼談？

再加上，如果不公平積累到一定程度，真的要搞民主的話，那興許還真是會搞成那種寡頭主義和民粹主義的雙向互動。這完全是可能的呀！但我說，這恰恰說明目前這種做法會帶來很大風險。既然這樣，我們從現在開始就要對著幹。在今天的中國，左派右派都有存在的理由，但都得走在「限權」與「問責」的道路上。

陳：在今天的中國社會，您認爲政治民主化的動力何在？

秦：我覺得這個問題很可能會像以前那樣，變成一種階級分析法。就是說哪一個階級是民主的，或者是現代化的進步力量，哪一個階級又是保守的力量。一開始有人說工人階級是進步的，現在有人說中產階級是進步的。我在跟佩里‧安德森談話的時候，就談到一點。我說，世界上根本沒有哪個階級是天生的進步階級，或者是天生的保守階級。就像分家問題，如果某個分家方案有利於他，任何人都可以成爲分家派；但如果不利於他，任何人都可以成爲反對分家派。改革初期農民擺脫公社時都是很主動的，但工人卻常常是反對國企改革的。你能說農民比工人更進步嗎？更西化嗎？無非就是，我們的第一步農村改革要比國企改革更公平一點，至少農村改革是一人一份地分掉了公社的土地，不像國企改革讓一些人當了老闆，另一些人當了打工仔。如果我們希望中國的改革乃至通往憲政

民主的改革，能有更多的可能性，那就要使改革盡可能地符合公正原則。如果你不主張憲政民主也就罷了，如果你主張，那尤其要強調這點。最可怕的莫過於主張憲政民主的人認為公平是無所謂的，然後公平這種主張，就被類似於拿破崙波拿巴的那些人，類似於阿根廷的裴隆那樣的人拿去利用。

陳：歷史上，自由派有時是跟寡頭派合作的。兩極一拉開，自由派就被迫選邊站。如果改革很不公平，「反寡頭」還是「反民粹」就變成了一種很不幸的非此即彼。

秦：有些自由派就是跟寡頭派合作，但也有些自由派本來並沒有跟寡頭派合作。所以，我並不認為所謂的中產階層或階級在中國是一個真問題。我覺得現在談中產階級的兩種談法都不對：一種談法說中產階級就是中間收入者，不窮不富的人；還有一種說中產階級就是企業家，就等於是資產階級。中國人對中產階級有一個非常大的誤解，就是根本忽略了在西方的民主化過程中，在建立民主走向憲政化的時候，所謂的中產階級到底指的是什麼？是指資本家嗎？還是指中等收入者？有誰能證明歐洲脫離中世紀走向近代憲政時，是所謂的橄欖型社會？或者大多數人都是中等收入者？或者大部分的人都是企業家？根本沒有的！

其實所謂的中產階級，既不是指窮人和富人之間的人，也不是指資本家，更不是指小資產階級。它指的是誰呢？它指的是歐洲中世紀兩大階層之外的一種「中間等級」，就是既不是農奴也不是農奴主的人。講得簡單點，就是市民。無產者和資產者都是市民等級的組成部分。

陳：自由民，市民，或所謂的布爾喬亞。但馬克思筆下的「布爾喬亞」不包括無產者。

秦：Bourgeoisie最早是法語，其實就是英語裡的citizen，因為

bourg就是city。我這裡講的Bourgeoisie，當年和第三等級、中間等級基本是同義詞。後來這個詞逐漸指資產階級，馬克思就常常這樣用，那當然就不包括無產者。但在法國大革命時，所謂的市民是包括無產者的；馬克思也說過中世紀市民是近代資產者和無產者的共祖。這涉及到所謂民主的社會基礎的問題。一個由領主和農奴所組成的社會，不要說搞民主了，就是通常的民族國家都不可能建立。道理很簡單，農奴主是不希望民主的；農奴主本身就是少數，而且是要對別人實行專制的。農奴本身，國家對他意味什麼？農奴不向國家納稅，也不參與國家事務，就只知道他的主人好不好。在那種情況下，根本不可能有國民，更別提公民了。產生國民的第一步，就是要有大量的直接向國家納稅，同時又有參與國家事務願望的那種人，也就是納稅的第三等級。第三等級要向國家納稅，因此關心國家拿這個稅去幹什麼，國家的徵稅權依據是什麼，還會產生「無代表就不納稅」的想法，等等。

　　可是中國歷史上並沒有歐洲中世紀那樣貴族與農奴構成的社會，所謂中間等級是何所指呢？把這套理論套到中國是什麼意思呢？中國從來就不是一個領主制的國家，從秦始皇時代就不允許領主和隸屬民這種關係有太大的發展。中國自古以來就是搞中央集權的，上面是皇帝，下面是編戶齊民，就是我講的「**大共同體本位**」的狀態。

　　在這樣的狀態下，如果把皇上當成「唯一領主」，那編戶齊民無論貧富就都是他的「農奴」。這樣的話，中國沒有一個人是「中間等級」。可是，他們大多數卻是國家的納稅者！

　　如果不考慮對皇上的隸屬，只就民間的人際關係而論，中國從秦始皇時代起就已經是典型的「中間等級社會」。因為無論窮人還是富人，他們都既不是農奴也不是農奴主！

　　所以，如果硬要套這個說法，也只能說：有專制皇帝，中國就連一個中產階級都沒有，因為所有人都是皇帝的奴僕；沒了專制，中國所有人都變成了中產階級，因為所有人都不互為主僕。換句話說，在歐洲，形成中產階級是建立民主的條件。但在中國恰恰相反，從邏輯上講，建立民主是出現中產階級的條件！

　　當然，這是本來意義上的中產階級（即中間等級）。但如果說到中等收入者，那麼我要說，兩極分化嚴重（就是中等收入者少）對任何社會都是一種不穩定因素。貧富懸殊的民主社會當然不易穩定，但貧富懸殊的專制社會難道就是穩定的？貧富懸殊條件下啟動民主當然有危險，但貧富懸殊條件下維持專制難道不危險？「有恆產者有恆心，無恆產者無恆心。」自古以來就是這個理，與民主不民主何干？我國歷史上一次次血流成河的天下大亂是怎麼來的？難道都是因為搞了民主？

　　所以，我們當然要極力避免嚴重的兩極分化。我強調公平就是為此，但這與「民主的動力」沒什麼關係。民主的動力的確應該是非主非奴的自由人、國家的納稅者；只要政治改革啟動，這種人中國從來就不缺。至於說什麼窮人不喜歡民主，富人也不喜歡民主，只有不窮不富的人才喜歡民主，或者說只有資本家才喜歡民主，這些都不符合邏輯，也不符合事實。

　　從自由主義邏輯出發，應該承認民主法制社會有利於資產階級的成熟（其實也有利於無產階級的成熟），而市場經濟的繁榮有利於民主政治的穩定。但這與「民主要由老闆們來開創」完全是兩回事。在哪個國家，民主是由一群老闆建立的？中東歐那麼多國家不但出現了民主化，而且其中絕大多數，近二十年來民主制度已趨向穩定。他們都是「先民主化，後私有化」的，民主化時他們的資本家在哪裡？中東歐有些人受到西方中產階級說法的影響，總想找出

劇變的「中產階級根源」；在波蘭有「工人就是中產階級」的理論，在捷克有「七種中產階級」的說法。如果中產階級可以這樣定義，中國的中產階級還不俯拾皆是？

我認爲「非主非奴的自由人」的確是民主化的基礎，但這只對歐洲歷史有意義。在沒有領主制傳統的中國，皇權之下人人皆奴，離開皇權人人非奴；因此，自由人的產生與民主化根本就是一回事兒。馬克思說資產者與無產者都是民主革命的動力，我倒更相信這個。當然不見得要「革命」，他們同樣可以成爲漸進民主化的動力。

八、憲政民主的漸進實現

陳：您怎麼看中國憲政民主化的前景？

秦：我最不贊成「民主路線圖」這種說法。哪個國家的民主是根據路線圖搞出來的？世界上有哪一個？所謂有多少人主張民主，有多少人反對民主，這個東西從何談起？怎麼量化？而且，尤其是極權社會，更談不上這一點。極權社會的變化有誰能預測？**極權社會裡誰真的主張什麼，怎麼能夠斷定？**這種體制下連「親密戰友」都不知彼此葫蘆裡賣的什麼藥，旁人要去預言這種深宮政治，根本不可能。現在根據蘇聯解密的檔案，最早主張搞非史達林化的不是別人，就是秘密警察頭子貝利亞，當時誰能想得到？所以我覺得，在人人帶著面具生活的這種體制下，根據一個人的過去來推測他的未來，是根本靠不住的。現在去討論中國哪些人將來會以什麼樣的手段，把中國引向民主，這個問題根本無解，而且討論這問題也得不到真正的信息來支持。現在滿口專制的那些人，一旦風吹草動說不定就變成了清算共產黨的人，在東歐不就是如此嗎？

世界上又有哪個國家，是可以從前定條件中算出來它是必然會

民主化的？我研究歷史多年的一個心得，就是不再相信任何決定論。我既不相信普世性的決定論（任何民族都必然會走向民主），也不相信文化決定論（由於文化基因不同，一些民族必然會走向民主，另一些民族必然不會）。我仍相信有「進步」與「落後」之分，但那就是個價值判斷，就是相對比較好的和不好的。那與「必然規律」無關，任何民族都不能說一定是從不好向好發展的。好的東西能夠搞成，都是努力和試錯的結果。

對中國來講，我覺得也是一樣。有人說中國不可能民主化，也有人說中國必然會民主化，我只能說民主是個好東西。所謂歷史的進步或者落後，只是一個價值判斷，就是說某些東西比較好或者比較壞。但從來沒有哪個人能夠斷言，歷史到底是從比較壞發展成比較好呢？還是從比較好發展成比較壞？還是不斷循環？

我現在只能確定一點，就是為了民主化應該做什麼（既應該限權，也應該問責）。至於實際上能夠做什麼？見縫插針，有空就鑽，能做什麼盡量去做就是了。中國如果想要漸進走向憲政民主，可以從上走也可以從下走，但從方向來講，都要「*為自由而限權，為福利而問責*」。我們有些人可以不斷追問政府的責任，但千萬不要替它擴大權力；我們有些人可以去限制它的權力，但千萬不要幫它推卸責任。如果政府的權力越來越受制約，責任越來越受追問，那總有趨向於權責對應的那一天。但如果我們這兩撥人，都基於某種主觀或者客觀的原因去做相反的事，也就是左派為政府擴大權力，右派為它推卸責任，那中國就會離憲政民主越來越遠。

陳：您當初談斯托雷平式的中國改革，是因為擔心中國可能重蹈俄國1917年的覆轍嗎？

秦：那當然也會擔心啦。在俄羅斯的後果是1917年革命，是更厲害的一種專制的出現。但不能說歷史絕對會這樣發展，只能說由

於有斯托雷平式的改革，增加了某種後果的概率。我們可以判斷的是，1917年俄國出現變革時，誰上台都得逆斯托雷平改革而行，就是臨時政府上台也是要這樣的。但是在政治上搞集權，列寧起的作用還是很大的。沙皇一倒台就已經預示左派要上台，於是支持斯托雷平的勢力就像過街老鼠一樣；俄國的政局越來越左，是已經看得很清楚了。但所謂的左，跟列寧那樣的人掌權還是兩回事。本來有可能是社會革命黨掌權的，這個前景一直到9月底、10月，一直到冬宮之夜以前都還沒有完全消失。歷史本來就有很多戲劇性的場面，我們只能說什麼樣的情況下它的概率大一點。

在中國，你別看最近幾年共產黨統治還是不受挑戰；一旦出現了危機，寡頭派跟民粹派的更激烈鬥爭就可能重演。但我們認識到這一點，就是想避免這一點啊！中國政治體制的轉型如果要比較順利，我們如果要增加它相對順利轉型的可能性，現在就應該在「為自由而限權，為福利而問責」這兩方面做更多的工作。

九、第三部門與公民社會

陳：您所謂做更多的工作，是指第三部門、刊物、輿論、民間組織這些嗎？

秦：都是啊，但這同樣存在兩種可能。比如說搞民間組織，你是增加民間的資源呢？還是只在為當局推卸責任？有些人認為搞NGO是可以的，但NGO只能去幫政府扶貧。任何政府想自己幹的事情你都不要幹，政府不想你幹的事情你也不能幹，你只能幹政府想讓你幫它幹的那些事。這些事如果是好事（比如扶貧）當然也應該辦。但如果只限於此，第三部門或民間組織的意義就不大。世界上哪個國家的貧困問題是靠民間慈善，而不是公民督促政府承擔福利

責任，就可以解決的？西方有了福利國家還不夠，還要發展第三部門，但絕不是說可以不要國家保障，把政府責任推給民間。我國前些年有人甚至說：權貴私有化後產生的下崗工人，不應該找政府的麻煩，應該去找NGO要飯吃。這也太莫名其妙了！前面說過中國漸進民主的任務是對統治者限權問責，而不是擴權卸責。第三部門是非政府組織而不是反政府組織，是公益組織而不是反對黨（政府常常對此過敏，這是需要「脫敏」的）。第三部門未必具有限權的功能，但它無須承擔卸責的功能。

這裡要講什麼是「第三部門」？大家都說政府是第一部門，企業是第二部門，兩者之外的組織就是第三部門。但什麼叫政府？什麼叫企業？政府與企業之外從來就有一些組織，例如宗族、教會、工會、商會等，那是第三部門嗎？為什麼上述東西歷史悠久，過去卻從無第三部門之說？第三部門自1970年代後名聲大震又是何故？和「中間等級」不同，西方在近代前期走向憲政民主時並無「第三部門」這個概念，為什麼現在這個概念如此重要？在中國，第三部門與民主化又是什麼關係？關於這些問題，我曾寫過《政府與企業以外的現代化》一書加以系統論述。

我用組織的目的是提供公益還是私益，其運作資源是來自自願（交換或捐獻）還是強制（徵稅）這兩個維度，把組織分成四類。「第一部門」政府是用強制資源提供公益的；「第二部門」企業是用自願資源提供私益的；而面對一些「政府失靈」或「市場失靈」的問題，就需要有「用自願資源提供公益」的第三部門。

在這個座標裡，不是還應該有個「第四部門」嗎？在邏輯上它就是「用強制資源提供私益」的組織。現代民主市場社會是沒有這種第四部門的。可是在專制傳統社會，政府可以公權私用，所謂家天下，所謂「視天下為一大產業」；所謂的「企業」與「市場」也

不是那麼自由，企業可以是農奴制，市場可以「博買」、「專利」
（古漢語這個詞非指知識產權，是指壟斷）。「半匹紅紗一丈綾，
繫向牛頭充炭值。」總而言之，「政」「企」都可以用強權來提供
私益，所謂政企不分是也。

　　只有現代化轉型後的自由民主社會，強制資源只能用於公共服
務而不能謀私，才有了「第一部門」意義上的政府——民主政府；
私益只能通過自願而不能通過強權來提供，才有了「第二部門」意
義上的企業——作爲自由契約的企業。此前，整個社會籠罩於「第
四」的陰影下，連「第一」、「第二」都未成形，談何「第三」？
民主政府與規範市場都未產生，談何「失靈」？此所以那時的政府
並非第一部門，那時的「企業」並非第二部門，那時兩者之外的宗
族教會之類也非「第三部門」也。這就可以解釋爲什麼在西方脫離
中世紀走向現代化，乃至建立憲政民主秩序時，沒有人談論第三部
門。那時的人們還在爲建立第一、第二部門而鬥爭嘛！

　　陳：您怎麼看所謂的「公民社會」？

　　秦：那時倒是有了「公民社會」概念。我認爲這個概念在西方
主要有三個含義：

　　一是在「國家」與「社會」兩分法的意義上，出現公民國家與
公民社會的說法，公民社會幾乎就意味與「官方」相對的「民間」。

　　二是作爲一個有別於傳統社會的發展階段概念。從黑格爾到馬
克思等歷史進化論者，幾乎都有從中世紀發展到他們當時的「市民
社會」的說法。這個「市民社會」與公民社會常常成爲同義詞。例
如一本講述英國從中世紀到近代演變的書，就叫做《從宗族社會到
公民社會》。這個公民社會就近似於近代社會，或有點貶義的說法
「資本主義社會」。公民結社自由與民間社會組織化，這時已有高
度發展。但這時的公民組織除了政黨與企業這類第一第二部門組織

外，主要還是為成員自身權益而組織起來的，如工會、農會、商會和各種其他的行業、階層、族群社團。其主要功能都是組織集體行動，增加談判實力，與利益相關方討價還價，對成員提供保障。就其成員間提倡合作奉獻、抑制競爭以維護群體利益而言，它們並非「企業」，也屬公益組織，但那只是成員間的公益。

第三，1970年代後，西方出現「建設公民社會」之說。既然現在要「建設」，可見以前沒有，而是「後現代」的新東西。這「公民社會」的定義就不同於前兩種，而屬於第三種定義了。

這種「建設」也強調公民組織，但主要宣導的是「非成員公益組織」。其主要從事的環保、扶貧、動物保護、婦女兒童、殘疾人、弱小原住民權益等領域，都與組織成員的自身利益無關，或至少不甚相關，而屬於純粹公益。它的另一個特點是基於普世關懷，國際性強，因此又有建設「全球公民社會」之說。其第三個特點是既以「市場失靈」為由要超越市場，又以「政府失靈」為由要自別於國家，故與傳統左右派理念即「福利國家」與「自由市場」都不同，常聲稱超越左右、疏離政治。但事實上又不完全如此，各個NGO或NPO受或左或右思潮的影響，有的更講「市場失靈」而與福利國家合作，有的更講「政府失靈」而在政治上支持自由派。

第四個特點，就是這類組織雖然「用自願資源提供公益」來體現自己的第三部門性質，但其擁有的可用資源與其自負的使命之間常有差距，即所謂「慈善不足」和「自願失靈」問題。因此「非政府組織」接受政府資助，「非營利組織」有經營性收入實為常有的事。但界限在於：第一，無論多少，都必須有自願資源的成分；第二，其他資源不能影響它的公民自治性與公益性。政府對其可有財政資助，但絕無干預控制之權，即接受政府資助不得影響其為「非政府」組織。經營收入只能用於公益，不得在成員中分配，即經營

收入不影響其為「非營利」組織。

很明顯，這些特徵只有在成熟的憲政民主體制下才可能充分具備。但有趣的是，一些非憲政民主國家連自主的工會、農會、商會都還不存在，卻號稱擁有了許多NGO或NPO，有人甚至以此說中國已有發達的「公民社會」。這當然值得商榷。人只有在首先有能力維護自身權益的情況下，才談得到進一步去維護他人的權益。在工會農會都還不能存在的情況下，靠別人的公益組織來「扶貧」，這貧弱者能成為「公民社會」的構成嗎？公民連維護自己權益的組織都沒有，卻靠「獻愛心」搞慈善建了公民社會，可能嗎？我國許多NGO沒有政府資助，全靠民間募捐，有人就說它們比受政府資助的西方NGO更「獨立」。但政府一毛不拔卻仍然要干預乃至控制它們，這不正是專制統治者權大責小、有權無責的典型表現嗎？比之民主國家政府對NGO有資助之責但無干預之權，不正是兩個極端嗎？

顯然，我國目前NGO、NPO的發展與西方「公民社會」還不可同日而語。但這當然不是否認這種發展的意義。首先，無論傳統、現代還是後現代，多一點愛心與慈善總是好事。其次，現在不許有工會農會，允許民間慈善組織的存在也為民間組織保留了一點空間，總比連這點空間也沒有強。更重要的是，中國這樣的後進國家的民主化進程，與有了第一第二部門、再發展出第三部門的西方不同，「三個部門」的形成在這裡應當是齊頭並進的。約束政府使其強制資源只能用於公益，規範市場使私益的獲取不再受官商一體強制因素的羈絆，和培育公民組織資源的過程，可能並且應當互相推動。在公民組織資源中，成員權益組織與非成員公益組織的發展也不應該有什麼扞格。

典型的像波蘭當年的團結工會，作為工會它為會員工人維權，

但它也為全波蘭的人權進步立功甚偉。從這方面看，它其實具有純粹公益性質；劇變中它甚至扮演了民主派政黨的角色，參加競選並一度組閣執政。當然在憲政民主秩序建立後，它這種諸多角色聚於一身的狀態就無法適應，最終它的其他角色都分離出去；從團結工會的母體中繁衍出了劇變後波蘭的眾多NGO和若干個政黨，而團結工會本身則退回到單純工會的角色。保加利亞的「生態公開性」則是從一個環保NGO，發展為民主派雛形政黨公民聯盟。

因此，中國第三部門的發展是很有意義的。但只有在它與其他兩個部門的發展良性互動的情況下，這種意義才能發揮。作為公民結社也不能只有這種類型，毋寧說工會農會這類成員權益組織對於公民權（無論是現代還是「後現代」公民社會之基礎）的形成更為重要——但這恰恰是我們的滯後環節。西方在憲政民主建設階段，公民社會主要起作用的是成員權益組織；後發國家未必完全按先進國家的程式走，我們的非成員公益組織可以「超前」發展，但前面那個「缺環」是必須彌補的。這就意味中國第三部門的發展不能自我設限：成員權益的維護，乃至在可能情況下參與第一第二部門的改革都是重要的。

崛起中國的十字路口

————許紀霖訪談

許紀霖

浙江紹興人,1957 年出生於上海。

1975 年中學畢業後,下鄉三年;1977 年考入華東師範大學政治教育系,1982 年留校任教。
現為華東師範大學歷史學系特聘教授,思勉人文高等研究院常務副院長,兼任上海歷史學會副會長。

深受 1980 年代新啟蒙運動影響,致力於中國現代化的歷史反思,以及中國現代思想文化和知識分子的研究。
從「啟蒙的自我瓦解」探索 1990 年代以降中國思想界的分化,
並積極介入當代思想論爭,為大陸著名的自由主義公共知識分子。

著有《無窮的困惑》、《精神的煉獄》、《中國現代化史》(主編)、《中國知識分子十論》、
《啟蒙的自我瓦解》(合著)、《近代中國知識分子的公共交往》(合著)、《大時代中的知識人》等。

一、1980年代的啓蒙及其分裂

王超華（以下簡稱「王」）：許先生，可否請您先談談您的成長背景？您是文革前哪一屆的？

許紀霖（以下簡稱「許」）：我1957年出生，在上海長大。文革時我是小學生，紅小兵。1975年中學畢業後，下鄉三年，在上海市郊的東海農場。1978年作爲文革後恢復高考的首屆大學生，考進了華東師範大學政治教育系。本科四年畢業後，剛好缺青年教師，所以我就留校了，在任教的期間在職讀碩士研究生。

王：您上本科時，歲數算是比較小的。

許：我們班上幾乎都是「老三屆」，我是小字輩。班長和班裡年齡最小的相差十五歲，他開玩笑地對他說：「我都可以把你生出來了。」我自己觀察，老三屆的話題總是繞不過文革。關於文革，有三個不同的年齡層，區別在於康有爲所說的「所經之事」、「所見之事」和「所聞之事」。對老三屆，文革是所經之事。對我這個紅小兵而言是所見之事，因爲我沒有直接經歷，就算經歷也是很間接的。對文革後的一代，文革則是所聞之事了。

我的人格，基本是在1970年代末1980年代初上大學的時候奠定的。文革和上山下鄉雖經歷過，但畢竟經歷有限，沒有很直接的心理衝撞。我覺得跟老三屆相比，自己與1960年代出生的人更有親和性。

陳宜中（以下簡稱「陳」）：您最初做的是民主黨派研究，大學時代就對這題目感興趣？

許：純屬偶然。念大學時，自己亂看書。畢業留校之後，系裡要我跟著一個老師研究中國民主黨派。我對民主黨派本身沒什麼興

趣，但發現那些民主黨派人士不得了，個個都是大知識分子；他們在20世紀前半葉的命運，與當代中國知識分子非常相似，在我心中產生了強烈的共鳴。

我的第一篇稿，寫的是黃遠生。他是民國初年的名記者，袁世凱稱帝時要他幫忙造勢，他非常掙扎，寫完了又很後悔，因此後來寫了《懺悔錄》，懺悔自己的一生。我看了很有感受，就寫了一篇〈從中國的《懺悔錄》看知識分子的心態人格〉投給了《讀書》雜誌。當時王焱是《讀書》的編輯部主任，竟然把我這無名之輩的處女作發了出來，給我很大的鼓勵。從此一發而不可收，我寫了二、三十篇現代中國知識分子個案研究的文章。

那些個案我稱之爲「心態史研究」，最近正在思考如何把「心態史研究」提升爲「精神史研究」，也就是從個案出發，提煉出整個知識分子群體的精神，就像以賽亞・柏林和別爾嘉耶夫對俄國知識分子的研究。

王：您爲何認爲大學的經歷是最重要的？

許：1980年代大學的氛圍，跟現在完全不一樣。當時私人空間很少，連談戀愛都很拘束，與女同學稍爲接觸多一點，支部書記就會來干預。但是校園的公共生活非常活躍：競選人大代表、模擬審判、討論國家大事、上街遊行等等，熱鬧極了。1980年代有一種後文革的氛圍，文革中的紅衛兵精神轉化爲一種「後理想主義」，從「奉旨造反」轉向追求改革，追求自由開放。八十年代充滿激情，大視野、大思路、大氣魄，這種精神對我影響很深。

19世紀的俄國知識分子有父與子兩代人。父親一代是貴族知識分子，比如赫爾岑、屠格涅夫，既有懷疑精神也有理性精神，有內涵而沒有力量，沉思太多而行動猶豫。兒子一代比如車爾尼雪夫斯基是平民知識分子，他們的信念很簡單，爲一個簡單的主義奮鬥，

非常有行動力；但他們有力量而沒有內涵，堅信與其坐而思，不如起而行。當代中國兩代知識分子似乎剛好倒過來。像我們這些八十年代人是不可救藥的理想主義者，輕信而行動力強；我們都是行動主義者，總是要有一個信念，都喜歡大問題，具有實踐性，而這恐怕都與文革的紅衛兵精神有關。1990年代之後成長起來的年輕一代，比如我的學生一代，書讀得比我多，但大都像俄國父親那代，常常有一種無力感；他們在虛無主義的環境中生長，經常懷疑行動的功效與意義，成爲遊移不定的「多餘的人」。

　　陳：您怎麼看八十年代跟文革的關係？

　　許：像我們這些八十年代人，總是從大處著眼，總在思考「中國往何處去」的大問題，胸懷責任感而且有所行動。如果我們把毛澤東時代看作一種紅色宗教，類似革命烏托邦的宗教時代，具有一種神聖性，那麼八十年代不過是這神聖性的世俗版。1980年代去掉了毛的神聖性，但重新賦予啟蒙、現代化以某種神魅性。中國真正的世俗化要到1990年代之後才完全展開。在中國，1960-70年代生的人還多少受到1980年代的精神洗禮；但「80後」則完全在1990年代之後的世俗化環境下成長起來，在文化性格上是全新的一代人，跟1980年代開始格格不入。這個新，一個是世俗化，另一個就是虛無主義。

　　陳：您如何看待八十年代的新啓蒙運動，以及後來的變化？

　　許：傅柯講過，啓蒙是一種態度。八十年代的啓蒙，按汪暉對五四運動的說法，擁有「態度的同一性」。在八十年代，大家對現代性的想像是同一的，這可以用帕森斯關於現代性的三條鐵律來形容：個人主義、市場經濟、民主政治。這就是新的現代性烏托邦，八十年代的啓蒙是建立在這種共同的現代性想像基礎上的。

　　改革開放以後的中國思想界，可以分爲1980年代、1990年代與

2000年以來三個階段。1980年代是「啟蒙時代」；1990年代是「啟蒙後時代」，即所謂later enlightenment；2000年以來則是「後啟蒙時代」，這個「後」是post的意思。1980年代之所以是啟蒙時代，乃是有兩場運動：八十年代初的「思想解放」運動與中後期的「文化熱」，現在被理解為繼五四以後的「新啟蒙運動」。新啟蒙運動與五四一樣，謳歌人的理性，高揚人的解放，激烈批判傳統，擁抱西方現代性。它具備啟蒙時代一切的特徵，充滿了激情、理想、理性，當然也充滿各種各樣的緊張性。

到1990年代，進入了「啟蒙後時代」或者「啟蒙後期」。八十年代啟蒙陣營的「態度的同一性」，在市場社會出現之後，逐漸發生分化，分裂為各種各樣的「主義」：文化保守主義、新古典自由主義、新左派等等。啟蒙是一個文化現象，最初是非政治的；啟蒙運動的內部混沌一片，包含各種主義的元素。歐洲的啟蒙運動發生在18世紀，也是到19世紀經濟高速增長、階級分化的時候，才出現了政治上的自由主義、社會主義與保守主義的分化。不過，1990年代的許多基本命題依然是啟蒙的延續，所以是「啟蒙後時代」。

2000年以來，情況發生了很大變化。之所以稱之為「後啟蒙時代」，這個post的意思是說：在很多人看來，啟蒙已經過時了，一個新時代已經來臨。

陳：關於啟蒙，在六四之前就已經有了不同意見，像李澤厚等人認為不需要再談啟蒙了，但王元化仍主張要談。

許：1989年王元化先生談啟蒙的變與不變，所針對的是林毓生先生。那時林先生已經看到了啟蒙的負面，但國內學者還是認為啟蒙是好的。當時他們不贊成林毓生對全盤反傳統的分析。直到1990年代初以後，大家才開始反思，才注意到啟蒙的負面性。這反思跟六四是有關係的。

　　陳：林毓生先生所講的創造性轉化，今天有不少人覺得太西化
了。但在八十年代，他的觀點卻被認爲是太反啓蒙、太反五四，對
中國文化傳統太友善。您如何理解這個反差？

　　許：在八十年代的文化熱中，那些高調反傳統的，對傳統缺乏
最基本的了解；而且醉翁之意不在酒，通過批傳統來批現實中的政
治專制主義，就像文革時「批林批孔」也是借批孔而打林一樣。但
八十年代老一輩的中國文化書院派，像湯一介、龐樸等人，對中國
傳統文化是有同情性了解的。他們是一批釋古派，通過重新解釋傳
統，將傳統與現代化結合起來。他們成爲1990年代初文化保守主義
思潮的先聲。

　　儘管1990年代出現了文化保守主義，但他們仍在啓蒙陣營的裡
面。他們追求現代性這點是不變的，只是要爲普遍現代性在中國找
到它的特殊表現，即以儒家爲代表的、具有中國特殊性的現代性道
路。1990年代的文化保守主義，是承認普世現代性的；這與近十年
出現的以狂批普遍主義爲前提的「中國模式」論、「中國道路」論、
「中國特殊」論是很不一樣的。

　　1990年代的保守主義是溫和的，基本是文化保守主義。余英時
認爲儒教分兩部分：政治儒教已經不適應民主政治，過時了；但心
性儒家還有其存在的意義。1990年代初的文化保守主義是想把心性
儒家與民主政治接軌，即從「老內聖」開出「新外王」。

　　然而，新儒家中的蔣慶是極端的個案。他從一開始感興趣的就
是政治儒學，不是心性修養的宋明理學，而是漢代董仲舒那套政治
意識型態。而且還像康有爲那樣，企圖以儒教立國，要通過國家的
行政力量，將讀經列入學校必修課程。至於出版經書的巨額利潤，
都要歸他領導的儒教學會！他是文化保守主義轉化爲政治保守主義
的一個例子。

王：您如何評估八十年代的精神遺產？今天一些學術思想的領頭人都是八十年代的過來人，但各自的立場卻很不一樣。

許：八十年代所留下的，總體來說當然是啟蒙的遺產。這對我們這代人而言，是精神上很核心的東西。研究現代中國思想的繞不開五四，而討論當代中國問題的也同樣繞不開八十年代。現在有個說法，叫做漫長的1980年代和短暫的1990年代。所謂漫長的1980年代，是因為1980年代從1978年中共11屆三中全會開始，一直持續到1992年。而1990年代從1992年開始，是個過渡的時代。到1990年代末自由主義與新左派論戰落幕，啟蒙陣營徹底分化，1990年代也結束了。

陳：1989年是個分水嶺嗎？

許：1989年當然很重要，但要看從哪個角度。從世俗化的角度說，1992年比1989年更重要。以思想界來說，1989-92年是中國知識分子的精神徬徨期，是1980年代通向1990年代的歷史橋樑。1992年鄧小平南巡，市場經濟在中國全面出現之後，中國整個都變了。整個知識界也開始分化。在八十年代，啟蒙是非常混沌的，還沒有被主義化，它仍是一種態度。1990年代中期以降，可以看到各路人馬已經開始主義化，打什麼旗子都已經很清楚了。無論是新左派還是自由主義，逐漸在自由、公正、民主這些議題上，形成自己明確的理論立場。這就是我稱為1990年代中期「啟蒙的分裂」。

陳：您曾經分析過1990年代中後期自由主義與新左派的論爭，特別是兩造的自由觀、公正觀、民主觀。如今您怎麼看？

許：我認為自由主義與新左派的論戰，從理論角度而言，是新左派大勝，自由派大敗。為什麼這樣說？汪暉如今已經國際化了，國外都想聽聽來自中國的不同聲音。但自由派至今沒有建構出一套完整的全球化時代中國問題的說法。當然，這其中有很大的競爭不

平等。自由派的網站一個個被查禁，所剩無幾。新左派的聲音在中國「政治正確」，可以無限放大。尤其這十年新左派向右轉之後，更是如此，可以刊登在《中國社會科學》這些主流的權威刊物上。

　　這十年來，自由派的言論空間被大大壓縮，憲政民主不准提，社會民主主義也不能講。於是自由派主動放棄了理論戰場，降一個層面，換一個戰場，轉移到公共媒體去爭取「微觀維權」。不與論敵在大的問題上糾纏，而是針對具體的、特殊的微觀事件，點點滴滴爭取人權。有點像胡適提倡的「少談些主義，多談些問題。」這樣的策略改變，一方面使得公共媒體的自由派聲音占壓倒性優勢，另一方面也使得在宏觀理論上自由派更加蒼白。

　　王：您意思是說整個自由派都一樣嗎？

　　許：原來思想界的啓蒙知識分子，許多都轉移到公共媒體。不過，除了秦暉、于建嶸、孫立平等個別幾位，大部分人的傳媒影響力也已經減弱了。新崛起一批傳媒的意見領袖，比如韓寒、梁文道等，雖然不是學院中人，但更年輕，也更熟悉媒體和網路的話語風格，其輿論影響力已經大大超過原來的啓蒙知識分子。

二、富強的崛起還是文明的崛起？

　　陳：您最近從「文明崛起」的視野，質疑主流的中國崛起言說之不足。您最主要的問題意識是什麼？

　　許：中國的崛起，今天已經成爲一個公認的事實。但我們要追問的是：中國的崛起，是什麼意義上的崛起？是富強的崛起，還是文明的崛起？我的看法是：三十年來的中國，僅僅實現了富強的崛起，還沒有實現文明的崛起。「富強的崛起」只是以GDP爲核心的一組統計資料，所謂民富國強，是綜合國力的展現；而「文明的崛

起」則是一種普世價值與制度體系，是人類歷史演化中新的生存方式和意義系統的誕生。中國在歷史上是一個文明大國，按雅斯貝爾斯的觀點，儒家文明與猶太教－基督教文明、古希臘－羅馬文明、伊斯蘭教文明、印度教－佛教文明一起，是影響至今的人類軸心文明。儒家文明提供的價值典範在於：法家所追求的富國強兵並非正途，人類生活最重要的是保持天人之際、群己之際的和諧。國計民生雖然重要，但並不具有終極的價值。人生的意義在於成德成仁；統治者施行仁政，民眾安貧樂道，維持身心平衡的禮治秩序；最後實現天下歸仁的大同理想。

　　儒家文明通過中華帝國的朝貢體系，在東亞地區曾經建立過長達千年的統治，那的確是一種以天下主義爲核心的文明霸權。中華文明在18世紀到達巔峰，以至於貢德‧弗蘭克在《白銀資本》一書中，將1400-1800年的現代化早期視爲「亞洲時代」。 在歐洲工業革命興起之前，已經出現了全球經濟體系，但它的中心不在歐洲而在亞洲；中國與印度是全球經濟的中心，也是世界文明的中心。然而進入19世紀之後，隨著歐洲的強勁崛起，中國文明逐漸衰敗。老大帝國先是敗於歐洲列強，然後不敵過去的學生、因「脫亞入歐」而變得強盛的近鄰日本。中國人痛定思痛，放下重義輕利的儒家文明，開始追求西洋式的強國崛起。

　　早在晚清，嚴復、梁啓超這些中國知識分子就已經發現：近代西方崛起的背後，隱藏著兩個秘密：*一個是富強，另一個是文明。富強是軀體，文明是靈魂。*富強與文明，哪個目標更重要呢？在落後就要挨打的亡國滅種危機面前，文明的目標、自由民主的理想不是不重要，但比較起富強，顯然可以緩一步進行；當務所急乃是儘快實現富國強兵，以自己的實力爭得世界上的生存地位。因此，在*長達一個半世紀的強國夢之中，富強壓倒文明始終是中國的主旋*

律。從晚清到民國,從毛澤東時代到改革開放三十年,雖然文明夢的內涵與時俱變,但富強的目標始終一以貫之。

即使在毛澤東時代,意識型態掛帥,寧要社會主義的草也不要資本主義的苗,但打造社會主義強國依然是繼續革命的中心目標。毛澤東求強心切,發動「趕超英美」的大躍進,試圖以非現代的方式建立現代強國。進入改革開放年代,鄧小平先是「讓一部分人先富起來」,隨後認定「發展是硬道理」。人民富裕、國家強盛成為社會上下共同的追求目標,發展主義成為超越各種主義紛爭的國家主導思想,而消費主義又是百姓日常生活的意識型態。發展主義的國家戰略與消費主義的民眾意識上下合流,其背後共用的世俗目標,便是與價值、倫理、文明無關的富強。以尋求富強為中心,三十年改革開放成就了三千年未有之大變局:中國的富強崛起。

富強與文明是近代西方崛起的兩大秘密。中國在追求現代化的過程中,暫時捨棄了文明,全副精力攻富強,不惜一切代價學西方,追求富強的崛起。路易士‧哈茨在為史華慈的《尋求富強:嚴復與西方》一書所作的序言中,不無感慨地指出:嚴復站在尚未經歷現代化的中國文化立場,一下子就發現了西方思想家未曾意識到的19世紀歐洲崛起的秘密;他在英國古典自由主義敘述的背後,讀出了「集體能力」這一西方得以富強的主題。從19世紀末到21世紀初,幾代中國人追尋強國夢。在何種文明的問題上,則幾度搖擺:最初英美,又是法蘭西,隨後蘇俄,最後回到英美,至今爭論不休。但在富強這一關節點上,卻前仆後繼,綱舉目張。富強這門課是殘酷的,學生先是被老師棒喝毆打,打醒之後一招一式模仿老師。經過一個半世紀的苦練,終於到了學生可以向老師叫板、師生平起平坐的時刻。假如像雅克《當中國統治世界》所預言的那樣,2050年真的實現了「東風壓倒西風」,這究竟是中國的勝利,還是西方式富

強的勝利？西方人屆時會否像當年被滿清征服的漢人那樣驕傲地回答：是的，是輪到你們東方人再次成爲世界的統治者，不過這次你們卻在精神上墮入了我們西方精神的俘虜，是我們讓你們從野蠻走向了文明。——哦不，從你們東方文明的視角來看，應該是從文明走向了野蠻！

　　一個可欲的現代性既包含物質文明（富強），也內含精神文明（價值）。一部近代西方的現代化歷史，也是道德與生存、啓蒙價值與國家理性相互鬥爭的過程。從19世紀到20世紀上半葉，在西方歷史上曾經出現物質主義與國家理性攜手，走向全球野蠻擴張的文明歧路。這種以富強爲核心的現代性，預設了一種對人性的獨特理解，不過那僅僅是霍布斯意義上追求自我保存、自我利益最大化的「生物人」。這種失去宗教與道德價值約束的現代性，無異於一種野蠻的現代性，或者說「反文明的文明」。假如沒有文明法則的制衡，聽憑現代性內部富強的單向膨脹，往往會墮於腐敗、冷酷與野蠻。二次世界大戰的爆發就與這種殘缺性有關。

　　今日的中國人，比這個時代的西方人更像19世紀的西方人，表現出歐洲早期工業化時代欲望強烈、生機勃勃、冷酷無情、迷信物質力量的布爾喬亞精神。當世之國人，與儒家文明薰陶下的老祖宗比較，在精神上恍若異種。在富強這張臉譜上，中國已經步入「現代」，但「現代」的代價卻是「中國」的失落——不是國家主權意義上的中國，而是文明主體意義上的中國。

　　陳：您所謂「文明主體意義上的中國」包括了哪些維度？

　　許：富強與文明都是現代性的內在要素。所謂富強，包含三個層面：首先是器物的現代化；其次是國民精神的提升；第三個旨在實現韋伯意義上的社會－經濟機器的合理化。而文明則是一種特定的價值目標和烏托邦理想，比如自由、民主、平等、公正等等，這

些都是現代文明的普世價值。富強是世俗的訴求，而文明內含了倫理、道德的價值理想。

在歐洲的現代性歷史過程之中，富強與文明是同時展開的兩面。富強為現代性提供了物質生產與制度合理化的基礎，使得人類在短短的幾個世紀之內，能夠創造出比過去所有歷史的總和都要大得多的物質財富。文明則為現代性提供了精神與制度的價值與意義，並以此發展出現代的心靈秩序與政治秩序。缺乏富強的現代性仰仗各種現代神話，其實是一種虛弱貧乏的宗教／道德烏托邦，而沒有文明的現代性則是可怕的、具有內在破壞力的蠻力。富強與文明，是現代性不可缺少的兩面；它們滿足了人性深處世俗欲望與精神超越兩個矛盾性的追求，是心靈秩序中神魔二元性在社會秩序中的現實展現。

每個時代都有其野蠻性，並非自現代性而始；然而，現代性一方面是物質和科技進步的登峰造極，另一面卻是野蠻的空前（未必）絕後。文明提供的技術手段使得暴力和殺人更加科學化和理性化，電影《阿凡達》中最令人震撼的鏡頭，就是自然的原始部落與武裝到牙齒的現代人的對抗。現代性承認了人性的世俗欲望無限膨脹的正當性，而當今世界各種利益政治的鬥爭，最終乃是人性中的欲望衝突。霍布斯對現代人性的認識雖然冷酷，卻是一針見血：貪婪和虛妄。人類的虛妄發展到現代，莫過於此。當各種超越世界（上帝、天命、自然、道德形而上學）崩潰之後，各種人造的崇拜物、拯救世界的意識型態充斥人間，並且都以某種貌似崇高的名義施行暴力。現代性的野蠻性不是一種外在之物，而就內在於現代人的心靈之中，它成為現代烏托邦的內在一部分。

陳：若說野蠻就內在於現代性，「文明主體意義上的中國」如何克服這種困境？

　　許：當代中國的發展，創造了三十年迅速崛起的奇蹟，但現代性的負面景觀都在中國集中體現。如今這個全球化的現代性非常短視，非常自私；現代人為現世享樂主義激勵，不相信來世，不恐懼地獄，也不追求天堂，要的只是自己看得見的欲望滿足。古代人、中世紀人對自然與上帝有敬畏之心，生活有節制。現代人活得太囂張，肆無忌憚。地球總有一天會毀於人類自身，可能就是一次漫不經心的偶然失誤。古老的瑪雅文明曾經預言2012年是世界與人類的末日。世界末日也好，最後的審判也好，抑或彌賽亞時刻也好，都有一個對現世有所制約的神聖（或恐怖）的終端，讓人懂得審慎、畏懼和有敬仰之心。然而現代人，特別是缺乏信仰的中國人，如今天不怕地不怕。無論是體現國家意志的奧運會，世博會倒數計時，還是個人生存意志所期待的買車、買房、晉升的幸福倒數計時，都是不具超越性的「世俗時刻」。一旦來臨，即陷入虛無。人們在縱欲與虛無之間無限迴圈，永無盡頭。這，難道就是現代中國人的宿命？

　　現代性靠什麼與內在的野蠻性作戰？現代性一方面滋生不斷變種的野蠻流感，同時也不斷生產對它們的抗體。從現代性的歷史來看，*自由、民主、法治、平等各種價值及其相應的社會政治建制，還有人類幾千年的人文與宗教傳統，都是制約現代性負面的有效因素。*文明之所以依然給我們希望，啟蒙之所以沒有死亡，源遠流長的人文與宗教傳統之所以仍有意義，乃是建立在這種現代性抗體的自我生產機制之上。按照歷史的辯證法，野蠻的流感讓文明產生抗體，但同時也不斷對抗體做出反應，產生新的流感病菌。如同加繆所說，鼠疫是不可能終極地戰勝的，因為鼠疫在人心之中。但人之偉大，乃是有一種西西弗斯的精神，與之不斷抗爭。對於人類文明的前景，我們應該抱有一種審慎的樂觀或有節制的悲觀。

三、國家理性的限度

陳：您所謂「富強的崛起」，近十年來激發出某些心態狹隘的強國主義、愛國主義、國家主義，就連赤裸裸的帝國主義、殖民主義、沙文主義也開始抬頭。您呼籲重建文明主體意義上的中國，希望中國能夠「文明崛起」，跟這個發展趨勢有關嗎？

許：自從1999年中國駐南斯拉夫使館被炸，到2008年的奧運火炬傳遞事件，中國民間出現了一股民族主義狂飆。這是一個內部非常複雜的思潮和運動，有文化認同的需求，也有中國崛起的訴求，而國家主義是民族主義思潮之中比較右翼的極端形式。民族主義追求民族國家的崛起，這無可非議。但國家主義主張以國家為中心，以國家強盛作為現代性的核心目標。雖然民族國家的建立也是啓蒙的主題之一，但啓蒙的核心不是國家而是人，是人的自由與解放。如今這股國家主義思潮則把國家作為自身的目的。

國家與啓蒙究竟是什麼樣的關係？從各種宗教、家庭和地緣共同體中解放出來的個人，與民族國家的關係如何？在傳統自由主義理論之中，國家理論比較薄弱。特別是當代中國的自由主義，由於過於迷信國家只是實現個人權利的工具，缺乏對國家的整體論述。於是在自由主義缺席的領域，國家主義乘虛而入，這幾年的卡爾・施米特熱、馬基雅維里熱、霍布斯熱，都與中國思想界的「國家饑渴症」有關，構成了對啓蒙的挑戰。面對國家主義者掀起的「中國崛起」的狂飆，自由主義有自己的國家理論嗎？

最近我訪問巴黎，在榮軍院大教堂拿破崙墓面前，感到極大的震撼。巴黎的兩所世俗化聖地，先賢祠與榮軍院大教堂，象徵法國革命所建立的兩種正當性。埋葬在先賢祠的伏爾泰、盧梭、左拉、

雨果等啓蒙知識分子，奠定了自由平等博愛的觀念正當性；但近代法蘭西還有沉睡在榮軍院裡面的拿破崙所代表的另一種正當性，那就是以國家榮耀作爲最高追求的帝國正當性。

自由主義繼承的是先賢祠的啓蒙傳統，而中國左派經常批評榮軍院的西方帝國本質。實際上，現代西方正是有這兩張面孔：啓蒙與國家，或文明與帝國。而且，對於大國來說，民族國家與帝國之夢又難以分離。

今天中國的自由主義者追求的是現代國家的啟蒙正當性，而國家主義者要的卻是帝國的正當性。《中國不高興》的作者們說穿了就是想重溫帝國的舊夢。不過，他們提出的問題也具有一定的挑戰性：在這個帝國爭霸的世界裡，難道中國可以只要王道（自由民主）而捨棄霸道（強國夢）嗎？

現代法治國是一種現代的帝國，但對內與對外是有區別的。在晚清思想家中，以鼓吹「金鐵主義」而聞名一時的楊度就注意到：「中國今日所遇之國爲文明國，中國今日所處之世界爲野蠻之世界。」因爲西方國家內外政策之矛盾，「今日有文明國而無文明世界，今世各國對於內皆是文明，對於外皆野蠻，對於內惟理是言，對於外惟力是視。故其國而言之，則文明之國也；自世界而言之，則野蠻之世界也。何以見之？則即其國內法、國際法之區別而可以見之。」誠如楊度已經發現的那樣，西方對內文明對外野蠻。至少在殖民時代是如此，而前幾年小布希又試圖重溫帝國舊夢。西方的兩張面孔「啓蒙」與「戰爭」如影如隨，西方來到東方，用野蠻推銷文明，以文明實施野蠻。

自由派與新左派都將西方單一化了，新左派只看到帝國主義的嘴臉，而自由派則缺乏沃勒斯坦那樣的世界體系視野，從國家關係的外部去考察西方法治國的帝國面相。今天我們之所以對西方有如

此多的分歧和爭論,與這兩歧性有關。這兩歧性之間的內在關聯,正是需要說清楚的薄弱環節。

　　陳:聽您這麼說,「文明主體意義上的中國」既不等於所謂的全盤西化,也不是靠「逢西必反」來建立中國的文明主體性。

　　許:前不久我讀了一些日本思想家丸山真男、竹內好、子安宣邦和酒井直樹的論著,感覺今天中國正在重複當年日本的心路歷程。日本脫亞入歐,試圖抵抗西方帝國主義,「超克」西方的近代化,結果卻是以最西方的方式(帝國夢)跌入了反抗的對象。通過抵抗西方而實現自我認同,使得日本作為一個主體,變成一個曖昧模糊的抽象物。這是一種只有明確的反抗客體,卻沒有主體的抵抗——此與今天中國的那些「不高興」派何其相似!

　　戰後,日本重新回到西方軌道,左派們對這種喪失了日本主體性的近代化失望,於是對中國革命有所嚮往。在他們的想像之中,中國革命是超越了西方的東方主體性的革命。今天中國的左派們不幸得多,他們既不像戰後的日本左派,也不像五四時期的李大釗、陳獨秀,有個社會主義的東方可以模仿,只能借助中國自身的「社會主義新傳統」。但那段歷史記憶遠遠沒有得到清算,仍然是一片灰暗。

　　對於西方的兩張面孔,中國的自由派與新左派各自抱住了大象的一條腿,自由派看到了天使,新左派發現的是魔鬼。而真正的西方是複雜的,既是天使又是魔鬼。天使與魔鬼,你中有我,我中有你。國家與人性其實差不多,都存在內部緊張。

　　在近代歐洲人裡面,一直有一種民族國家與帝國世界的緊張性。拿破崙帶著法典指揮千軍萬馬,以普世文明的名義掃蕩歐洲。在法蘭西榮耀背後,其實有基督教普世王國的夢想。只不過,那一古老的宗教夢想到了19世紀世俗化為以啟蒙為旗幟的利益擴張,一

種新的十字軍東征。西方人以民族國家爲基地，但只要有機會，不會放棄源於羅馬帝國和基督教傳統的世界主義夢想，而以啓蒙爲象徵的世俗文明價值正是其正當性所在。

再說英國的成功和德、法的失敗。英國繼承的是羅馬帝國的統治傳統，只改變殖民地的上層結構，但保留其自身的風俗和文化傳統；而拿破崙的大陸法典過於深入社會，它要改變的，乃是整個社會結構乃至文化，因此早早碰壁。文化價值和宗教價值是最碰不得的東西，真正的反抗都是來自文化價值解體、認同感失落，而不在乎是否異族統治。在中國兩千年歷史當中，異族統治至少有三分之一的歷史；但中國還是中國，因爲文化是中國的，所以世界依然是天下的，天下即中國而不是別的。

問題在於，晚清以後天下變了，文化變了，而不是僅僅被新的異族征服了。這是真正的恐懼和失落。新建立的民族國家具有近代國家的一切形式特徵，唯獨缺乏自身獨特的文明和價值。那些核心的東西是人家的，是異族的——這是動盪至今的所謂「主體性」危機所在。毛澤東時代一度以爲找到了中國的文明，又很快被證明是虛幻的烏托邦。潘維擔心即使中國崛起了，其主導價值觀還是西方的，原因就在這裡。他和甘陽都注意到了文明國家比民族國家更重要，話語權比經濟實力更有力，但這兩位老兄所幻想的中國價值，依然是一個虛幻而空洞的種族性的「我們」。

陳：您強調野蠻與文明、霸道與王道之間的緊張。一方面，希望以文明制約野蠻；另一方面，您吸收了部分國家主義要素，不諱言文明需要以實力爲後盾。於是，好像折衷或調和出了某種「文明國家」甚至「文明帝國」的想像？這個思路不太容易討好，因爲有些人可能覺得您對國家主義的讓步太多，還在強國夢的言說裡打轉；另一些人則可能覺得您太把普世文明當回事了，等到中國強大

起來，自稱是普世文明不就是普世文明了，又何必去吸納自由平等那些所謂的啓蒙理性？

許：自從1990年代中期的自由主義與新左派大論戰之後，我本人似乎陷入了一種蝙蝠的命運：哺乳動物與鳥類開會都不接納牠。自由派與新左派兩邊都不認我，不把我看作同路人。這與我的左翼自由主義立場有關。無論是自由主義、社群主義，還是左派和國家派，我都懷有同情性的了解，但又保持距離。這不是鄉愿，而是有我獨特的思考。儒家講「中道」，中道不是鄉愿，而是避免極端，取對立雙方各自的合理性，棄其過猶不及的成分。

陳：在您看來，「國家理性」的合理性和限度何在？

許：是國家富強重要，還是文明的建設更重要？這個問題，從晚清的梁啓超、嚴復、楊度、孫中山，一直到當代中國知識分子，一直都有非常激烈的爭論。晚期的中國所面對的是一個列強競爭的世界，同時又是一個西方文明征服了東方的現實。於是，中國知識分子在追求國家富強時，又把成爲西方那樣的文明國家作爲自己的目標。那麼，在功利的國家富強與普世的文明價值之間，如何處理這二者的關係？何者處於優先性的地位？楊度在發現了西方對內對外兩重性之後，在文明與富強的關係上，採取了一種二元論立場：前者是善惡的問題，後者是優劣的問題。爲了與諸文明強國對抗，楊度提出了文明和野蠻（強權）的雙重對策：「中國所遇者爲文明國，則不文明不足與彼對立，中國所居者爲野蠻之世界，不野蠻則不足以圖生存。」這有點像毛澤東「以革命的兩手對付反革命的兩手」。我未必贊同這種國家關係中的霸道邏輯，但作爲一種現代主義的觀察，不能不承認楊度要比今人深刻得多。

在這個問題的背後，是兩種理性的衝撞。在歐洲現代性的歷史過程之中，發展出兩種不同的理性傳統：啟蒙理性和國家理性。啟

蒙理性的道德價值落實在個人的自由與解放。而國家理性按照梅尼克的分析，從馬基雅維里開始，國家作為一個有機體，像人一樣具有自身生存發展的理由，為了這一目的可以不惜一切手段。國家理性預設了國家主權，近代的國家主權因為超越了古希臘羅馬的德性倫理和中世紀的上帝意志，在英法最初所憑藉的是啟蒙理性的自然法傳統。但到了19世紀，德國歷史主義狂潮興起，普世的自然法傳統被判為虛妄，國家理性之上不再有任何普遍性的道德倫理羈絆，權勢成為其唯一的目的，國家成為超道德的利維坦。國家理性的正當性不再是超越的宗教或道德形而上學，而是所謂的**國家與國民的同一性**。國家掙脫了來自超越世界的普世性規則，它成為它自身，其正當性來自人民的授權，這種授權或者是君主制的代表（公共利益），或者是民主制的週期性選舉授權。國家自身有其存在發展的理由，其理由便是公共福祉。國家一旦獲得了自主性，具有了最高主權的形式，便不再有外在的道德規範，其內在的權勢如同惡魔一樣便自我繁殖，向外擴張。

梅尼克在《馬基雅維里主義》一書注意到，霍布斯的國家具有自我解體的可能性；因其自我中心主義和利己主義，無論有多麼理性，都無法產生一種將自利的、分散的個人凝聚起來的社會紐帶。某種更高的道德與思想價值必須添加到國家理性之中，於是有了**德國黑格爾主義，以歷史主義目的論的論證，賦予國家以最高的善**。

歐洲有兩種國家理論：第一，從斯多葛學派到基督教的自然法體系，塑造了理性主義的國家。在17世紀，自然法的價值不再來自於自然與天國，開始從人的自然權利解釋國家存在的理由。第二，從馬基雅維里開始的現實主義國家，國家本身是一個集體人格，並非個人利益的總和，國家有其自身的存在理由。理性主義國家與現實主義國家（個人與國家）之間的裂痕，霍布斯是一種解決方案，

其核心是功利主義的。到盧梭那裡，其公共意志的思想讓國家獲得現代的神學政治形式。而試圖將二者最後調和起來的，是黑格爾。

可以說，英國的功利主義政治來到德國，演化爲帶有神秘主義性質的神學政治。黑格爾的世界精神需要在歷史中逐步展現，它需要一個像國家那樣的權勢作爲主宰人類生活的載體。但手段成爲了目的本身，世界精神只是國家權勢的道德表述，國家理性獲得了一種偉大的道德尊嚴。這種自我道德正當化的國家理性，比起霍布斯世俗主義的國家理性，具有更大的破壞性。這也正是爲什麼德國可以從國民國家一體化的國家主義，走向民粹運動的法西斯主義。國家主義可以不必魔化，但法西斯主義一定需要國家的自我魔化。

陳：國家主義不必魔化，而應該文明化，這是您的看法嗎？

許：國家理性是現代性的內在一部分，在世俗化的時代，國家理性是不可避免的合理性，它是現代的必要之惡，但需要有駕馭惡的文明力量。糾纏梅尼克一生的問題，便是國家理性中的道德與權勢之爭。近代德國的思想史，是從最初的浪漫主義、歷史主義走向價值虛無的國家主義，最後生出法西斯主義的怪物。晚年的梅尼克撰寫《德國的浩劫》，思考的是如何遏制國家理性的權勢擴張。作爲歷史主義的大家，他沒有回到普世的啓蒙理性，而是從18世紀德國早期現代性中的古典人文主義（康德、歌德、席勒、赫爾德）那裡尋求德意志民族獨特的道德價值。用今天的說法，*如何為國家建構奠定一個文明基礎？*

陳：相對於梅尼克，您既強調以儒家爲代表的中國古典人文主義，也看重普世的啓蒙理性。您不全盤反對國家理性，肯定其現代性，但主張從古典人文主義與啓蒙理性吸納建設性因素，以重建出「文明主體意義上的中國」？

許：從歐洲近代思想、特別是德意志精神的演化史反觀當下，

我們會發現當下中國與19、20世紀之交的德國具有相似性，那就是富強崛起之後向何處去？現代德國的悲劇性歷史留給人類的重大教訓，乃是提醒我們：假如國家理性缺乏啟蒙理性的導航和制約，任其自身發展，將會把民族拖下無底的深淵。

國家理性與啟蒙理性都是現代性的內在要求，兩者各有其內在價值，並非目的與手段的關係。然而，要警惕的是國家理性假借文明的名義擴張其權勢。問題在於：我們要的是什麼樣的國家理性？是「凡存在皆合理」、具有自我擴張性的國家理性，還是審慎的、有道德原則的國家理性？國家理性的正當性何在？是虛幻的國家／國民同一性，是施米特式的代表性民主威權，還是自由憲政體制所形成的國家意志？國家理性當然也可以是中國特色的，但在中國文明之中，有儒家的天下主義傳統，也有法家的窮兵黷武傳統。國家理性與誰調情，結局大不一樣——雖然打的都是「中國特色」牌。

任何一種理性或主義，本身都具有內在的多歧性。真正的歷史罪孽是一種化學反應。單個主義很難說好壞，就看與誰聯姻。近朱者赤，近墨者黑。甘陽提出要「通三統」，這個提法本身不錯，問題在於過於籠統。「三統」中無論是中國文化傳統，還是毛澤東的社會主義傳統、西方的現代性傳統，都是內涵非常複雜、具有豐富多歧性的傳統，就看如何個「通法」。現代的國家理性，究竟是與現代的啟蒙價值、儒家的人文傳統相結合，還是與毛澤東的集權體制或者法家的富國強兵同流合污？與其籠統地談「通三統」，不如深入一個層面，仔細梳理「三統」之中不同的歷史遺產，各家各派拿出不同的組合方案，為中國文明的重建展開一場思想的大論戰。

四、新中華帝國及其周邊

　　許：當中國崛起之後，她的歷史傳統、大國地位和與世界的緊密關係，決定了中國不會僅僅以民族國家，而是會以帝國的形式重新出現在世界。我這裡說的帝國，不是指帝國主義，而是中性意義上的，乃是指對周邊和世界具有某種支配力的國家。這裡就有兩個問題需要處理：第一，作為新中華帝國，其憑藉的力量是什麼？第二，如何處理帝國內外各種複雜的鄰居關係？

　　先談第一個問題。在國際稱霸史上，經濟實力當然很重要，但不是最重要的。佩里・安德森在討論全球歷史中的霸權演變時，指出要區別兩種不同的權力：**支配權與霸權**。支配權是一種通過強力（force）的權力，而霸權則是一種通過合意（consent）的權力。按葛蘭西的經典定義，霸權的核心在於其意識型態的本質。霸權不僅建立在強力基礎上，而是建立在文明優勢之上的權力體系。霸權的真正內涵在於知識與道德的領導權，即所謂的話語權。在全球政治舞台上，一個國家假如只有經濟實力，只是一個GDP大國，它可以擁有支配權，但未必有讓其他國家心悅誠服的道德權威。唯有文明大國，擁有話語領導權或文明競爭力的大國，才可能得到全世界的尊重。

　　近代全球的霸業史可以清晰地證明這一點。最早利用航海術進行全球探險與殖民擴張的是葡萄牙和西班牙，但它們之所以曇花一現，不能成為穩定的世界霸主，箇中原因乃是它們徒有擴張實力，而缺乏典範性的現代文明。英國在19世紀稱霸全球，除了工業革命提供的強大經濟力外，最重要的乃擁有近代資本主義文明的核心元素：古典自由主義理論及其一整套社會經濟政治建制。到20世紀美

國替代英國稱霸世界，也同樣如此：領先全球的高科技、高等教育以及典範性的美國價值。這些文明典範伴隨帝國的全球擴張，輸送到世界的每個角落。

時殷弘曾經借助喬治・莫德爾斯基的世界政治大循環理論，發現近五百年來，所有對世界領導者的挑戰無一不落入失敗者的行列。替代老霸主成就新一代霸業的國家，都是先前世界領導者的合作夥伴，比如17世紀取代葡萄牙的荷蘭，18、19世紀的英國和20世紀的美國。時殷弘的這一觀點，或許需要個別的修正。問題不在於國家與國家之間的關係，而在於對普世文明的態度：凡欲挑戰全球核心價值的最終難免失敗，而順應普世文明又有所發展的，將可能以新的文明領導世界，成為地球方舟的新一代掌舵人。

陳：您的意思是說，「文明崛起」得用加法而不是減法？

許：民族國家是個別的，只有特殊性的文化；文明國家則是普世的，無論它用什麼樣的力（軍事力、金融力或經濟力）去領導世界，背後還要有普世性的文明。在近代德語中，文明（Zivilisation）意指屬於全人類共同的價值或本質，而文化（Kultur）則強調民族之間的差異和族群特徵。文明的表現是全方位的，可以是物質、技術和制度，也可以是宗教或哲學，而文化一定是精神形態的。文化指的不是抽象的「人」的存在價值，而是某些特定的民族或族群所創造的價值。文化是特殊的，可以僅適合某個特定民族、國家或地域；但文明則一定超越個別性、地域性和民族性的限制，具有適合全人類的普世性價值。從軸心文明到現代文明的世界各種宗教與哲學，無不具有這種普世特徵。

陳：您不諱言崛起的中國將成為帝國，但您主張國家也好，中華帝國也好，都要有其文明性。但「文明化使命」不正是西帝、日帝發動帝國主義侵略行動的主要藉口？文明帝國的王道，跟霸道有

何差異？這部分能請您再深入說明嗎？

　　許：的確，德國與日本當年向外擴張時，都打著文明的旗號。德國要重新塑造世界精神，日本則自以爲脫亞入歐，以文明的名義侵略落後的、未開化的東亞國家。魔鬼的背後總是有某種神魅性，具有某種烏托邦的理想。問題在於，這是一種什麼樣的文明？是與文明主流價值相背離的，還是符合普世價值的主流文明的一部分？顯然，德國和日本的帝國理想，只是另類的、可怕的僞王道，是不具有普世性的、以壓抑「他者」爲前提的霸道。

　　文明與文化不同。文明關心的是「什麼是好的？」文化關注的則是「什麼是我們的？」文化只是爲了把「我們」與「他者」區別開來，實現對「我們」的認同，解決自我的文化與歷史的根源感，回答我是誰？我們是誰？我們從哪裡來，又要到哪裡去？但文明不一樣，文明要從超越的視野回答「什麼是好的？」這個「好」不僅對「我們」是好的，而且對「他們」也同樣是好的，是全人類普遍之好。在普世文明之中，沒有「我們」與「他者」之分，只有放之四海而皆準的人類價值。

　　中國的目標如果不是停留在民族國家的建構，而是重建一個對全球事務有重大影響的文明大國，那麼她的一言一行、所作所爲就必須以普世文明爲出發點，在全球對話之中有自己對普世文明的獨特理解。這一理解不是文化性的，不能用「這是特殊國情」和「這是中國主權，不容別人說三道四」這類慣常語自我辯護，而是要用普遍的文明標準來說服世界，證明自己的合理性。

　　「我們的」價值無論在邏輯還是歷史當中，都無法推理出必定等同於「好的」和「可欲的」價值。中國作爲一個有世界影響的大國，所要重建的不是適合於一國一族的特殊文化，而是對人類具有普遍價值的文明。對中國「好的」價值，特別是涉及到基本人性的

核心價值，也同樣應該對全人類有普遍之「好」。中國文明的普世性，只能建立在全人類的視野之上，而不是以中國特殊的價值與利益爲皈依。中國文明在歷史上曾經是天下主義，到了今天這個全球化時代，**天下主義如何轉型爲與普世文明相結合的世界主義**？這是一個文明大國的目標所在。

陳：近幾年來，許多國家主義者狂批所謂的「普世價值」。

許：在文明與文化的關係上，當代中國思想界有兩種極端的傾向。一種是原教旨自由主義者所主張的「普世價值論」，認爲中國的未來只有一條道路，就是西方所代表的普世的現代化道路。另一種是國家主義者所持有的「文化相對論」，認爲各個民族與國家的現代化道路由於國情與文化不同，各有其價值所在，不同文化之間不可通約，不存在能爲不同文化和民族所共用的普世文明。

原教旨自由主義視西方爲文明的普世模式。這種黑格爾式的文明發展一元論將導致科耶夫所批評的並非美妙的「同質化的普遍國家」；不同民族的文化多樣性與豐富性將被這種同質化的一元文明所徹底摧毀。普世文明的確存在，但對此有兩種不同的理解。亨廷頓在《文明的衝突與世界秩序的重建》中，明確區分了兩種對普世文明的闡釋：一種是在意識型態冷戰或者二元式的「傳統與現代」分析框架之中，將普世文明解釋爲以西方爲典範的，值得各非西方國家共同仿效的文明。另外一種是在多元文明的理解框架之中，普世文明乃指各文明實體和文化共同體所共同認可的某些公共價值，以及相互共用與重疊的那部分社會文化建制。

1990年代中期之前，當思想界還沉睡在冷戰思維和現代化模式之中時，西方中心主義的確主宰過中國人天真的心靈。近十年來，隨著「**反思的現代性**」思維崛起，普世文明的內涵發生了內在的轉變。西方與東方一樣，只是眾多特殊文明中的一種，所謂的普世文

明正是各種特殊性文明所共用的重合部分，是人類得以和平共處與健康發展的基本價值。普世文明不是一組固定不變的靜態要素，隨著時代的變遷與更多文明的介入，其內涵也處於不斷的再建構過程之中。普世文明既是動態的、歷史的，又並非邊界模糊、可任意解釋與發揮。當上帝和天命等各種超越世界解體之後，普世文明便擁有了深刻的啓蒙印記。文明是對人之所以爲人的制度性守護，是對維護人性尊嚴所必須的自由平等的捍衛。這些已寫入聯合國一系列基本公約，並爲大多數國家簽訂認可，已成爲人類的核心價值。

這種意義上的普世文明，是一種以文化多元主義爲基礎的普世文明。文化多元主義與國家主義者所堅持的文化相對主義，有非常重要的差別。文化多元主義承認不同的文化之間雖然有質的不同，但彼此之間是可以相互理解的，並且在一些最重要的核心價值上，有可能獲得共約性；比如自由、平等、博愛、公正、和諧等，在當代社會便成爲不同民族和文化共用的基本價值。只是在這些價值之間何爲優先，什麼最重要，不同的民族與國家可以有自己不同的理解和選擇。但文化相對主義就不同了，它頑固地堅持不同文化各有其獨特的價值標準，文化之間不存在可以共用的文明價值，「我們的」價值就是「好的」價值。文化多元主義可以與普世文明並存，但文化相對主義只能導致封閉的、狹隘的「中國特殊論」。中國文化的確是特殊的，就像西方文化也是特殊的一樣，但中國文化畢竟是偉大的軸心文明，特殊之中蘊涵豐富的普遍性，蘊涵可以與人類其他文化分享的普世文明。時下的「中國特殊論」貌似政治正確，卻將文明降低到文化的層次，大大矮化了中國文明。

　　陳：您如何看待西藏和新疆的問題？

　　許：作爲新的中華帝國，有三個不同的地區不得不認真對待：一個是在中華人民共和國主權實際統治區域內的新疆與西藏；第二

是「一個中國」內部的香港與台灣；第三是日本、朝鮮半島以及東南亞這些近鄰。帝國最麻煩、最棘手的問題是：在一個多民族、多族群、多政治實體的空間裡面，如何駕馭和保持自己的統治力？

西藏和新疆，牽涉到中國作爲一個帝國是否會解體的問題。就像晚清一樣，一旦中原政權衰弱，首先面對的還不是社會的壓力，而是周邊要求獨立的問題，西藏、新疆、香港、台灣問題都會冒出來。從歷史來看，它們都很邊陲，都是以依附性的方式投靠中原政權。然而自秦朝之後，中國形成了大一統的文化傳統：分裂是不好的，統一絕對是好的。一旦這些地方要鬧獨立，哪怕中原政權已經實現了民主制，絕大多數漢人還是不同意讓西藏、新疆和台灣分離出去。爲了迎合選民的需要，民主政權同樣會採取強硬手段對付分裂主義者，以宣示主權，以整合國民意志。

在清末民國時期，中國出現的是屈辱性的民族主義。連中原都快保不住了，所以不太關心新疆、西藏這些地方。西藏在20世紀上半葉保持了長達半個世紀之久的事實獨立。然而未來的中國作爲一個新的帝國，即使發生了內亂，也不會容許出現分裂。而且越是內部混亂，越是需要一個民族的敵人，以宣示中央的力量。

陳：在大陸，談民族問題比談民主更敏感，以至於不同意官方政策者很難出聲。比方說在台灣問題上，部分自由派主張聯邦制，但這是言論禁區，不許談。在西藏和新疆問題上，更是如此。

許：自由派需要有一套自己的民族敘述，但現在自由派根本不注重這個問題。民族問題本身是敏感的，不管你的立場爲何。不要以爲靠一套民主架構，就可以解決所有問題。像西藏、新疆、台灣問題，如果自由派沒有一套論述的話，未來可能會成爲孤家寡人，會被邊緣化。

陳：在西藏和新疆問題上，當局不斷動員、利用漢族民族主義

情緒，以強化其壓力維穩和經濟殖民的既定路線。任何對藏族、維族的處境還有些同情的人，很容易就被漢奸、被藏獨、被維獨，好像同情弱者就是主張分裂？那強者的責任呢？

　　許：中國現在對西藏和新疆問題的解決方式，主要是採取發展經濟、加強國家認同的方式。這只能解決一部分問題，還有一些更深層的問題解決不了，那就是文化認同和宗教認同問題。以西藏為例，西藏問題背後的核心是一個文化問題，即與伊斯蘭世界相似的傳統宗教與世俗化的衝突。解放後，特別是改革開放這三十年來，中央政府在西藏投入了大量資金，給西藏非常多的經濟援助，鐵路也通了，商業也發達了，給藏民們帶來了與漢人一樣的世俗生活，使得過去政教合一、以藏傳佛教為精神信仰核心的西藏社會文化生活發生了很大變化。這一世俗性的變化所引起的反彈，及其帶來的一系列問題，我發現研究得非常不夠。太多的輿論只是簡單停留在獨／統或者人權的立場，而沒有從世俗化與超越世界失落這個層面去思考西藏問題。

　　簡單地說，西藏問題是一個現代性的內在困境。藏族要不要現代化？當然要。墨西哥的詩人、諾貝爾文學獎得主帕斯說，現代化是不可逃避的宿命。問題在於，在現代化過程中，如何處理超越世界的位置？作為生活在高原地區的藏族，對待宗教信仰的態度與漢人是不一樣的。漢族的宗教感不強，我們受到儒家文化的影響，是以人文代宗教；雖然許多人相信佛教、道家以及外來的基督教、天主教，但中國人對宗教的態度正如楊慶堃先生所研究的那樣，採取的是一種非常功利現實的神人互惠態度。近代以後，科學主義、理性主義思潮湧進中國以後，中國人以為科學、理性再加人文，可以完全安頓人的靈魂，解決信仰世界的問題；甚至片面理解馬克思的「宗教是人民的鴉片」，以為世界上其他宗教信仰像中國民間信仰

一樣，都是愚昧的產物。殊不知在古代軸心文明之中，除了中國文明和古希臘文明之外，其他文明都採取了宗教的形式。猶太－基督教、伊斯蘭教和印度教－佛教，都是高級文明。歷史已經證明，它們不會隨著現代性的到來而消解，反而會以另一種方式復興。哈貝馬斯說，今天是一個後世俗化社會，這個「後」指的就是在世俗化的同時所出現的宗教復興現象。

藏傳佛教作為一種高級文明，這些年經過達賴喇嘛在全球的宣傳，已經走出西藏，走出中國，成為世界性的宗教。今天的西藏雖然已經步入了世俗化，但對大部分藏人來說，宗教信仰依然是他們靈魂的支柱，這是他們的歷史文化傳統和地理環境所決定的。今天的漢人已經高度世俗化了，甚至比世界上其他民族都要世俗，相信物欲主義和消費主義，把占有多少物質、擁有多少名牌，看作人生快樂和人生成功的標誌。但我們切不要以為其他民族也會這樣理解人生，不要以為我們給西藏帶來了經濟發展和物質繁榮，這也就是他們的「好」。不同文化傳統對什麼是好，什麼是好的人生、好的生活的理解是不一樣的。特別是高級宗教和高級文明，尤其是軸心文明，其中內含的人生和宗教哲理，擁有對現代性負面因素進行反思和批判的資源，尤其值得我們重視。丹尼爾・貝爾也好，史華慈也好，他們對當今世界的物質救贖主義都深懷憂慮，都從軸心時代的文明和宗教中尋求資源。

五、霍布斯式社會的隱憂

陳：現在，我們是否把話題轉到您目前特別關注的虛無主義、原子化個人的問題？

王：在1980年代，中國社會更有機一些。那為什麼後來會出現

原子化個人的問題呢？這個問題在1990年代已經提出來了嗎？

　　許：關於社會秩序的重建，有兩種不同的方案：一種是洛克式的，通過自主性的社會建立自由主義的公共秩序；另一種是霍布斯式的，通過國家威權強有力的利維坦來維持社會穩定。1980年代到1990年代中國走的是洛克式的道路，鄧小平提出要建立「**小政府大社會**」，1990年代初思想界開始積極討論市民社會的話題。然而，近十年卻發生了逆轉，主流意識型態不再提「小政府大社會」，而是「**加強執政黨的執政能力**」。黨與政府對經濟、社會、輿論更不用說政治的控制力，是大大強化了。

　　今天中國的社會政治秩序，可以這樣表述：**一個自利性的、原子式的個人主義社會，加上政治上的威權主義**。當1980年代傳統社會主義的「大我」烏托邦破滅後，原子化的個人主義便洶湧而出，但在1980年代，它與啓蒙主義的個人有著複雜的弔詭關係。一直到1990年代市場化社會出現之後，原子化個人主義不僅具有了社會基礎，而且，霍布斯式的占有性個人主義爲其提供了理論的正當化。同時，**這一原子化個人主義不是西方式的，而是社會主義以國家威權主義的方式重新組織起來的**。原子化的個人無法有效組織市民社會和公共領域，一個個原子化的個人面對整體化的國家；他們在私人領域享受發財和消費的自由（雖然最終來說並未獲得法治秩序上的安全感），在公共領域則成爲缺乏權利與責任的，既無宗教也無道德的個人。

　　當各種社會共同體持續失落，失去群的保護之後，個人只有孤獨面對強勢的國家。霍布斯式威權主義的社會基礎，便是唯我式的個人。這時的國家不再是大我，不具有任何價值意義，而只是一個工具性的存在，是各個分散的個人爭奪私人利益的場所，其與毛澤東時代具有神聖意義的國家有天壤之別。但此種唯我式的個人主義

社會，也需要一個強大的「利維坦」維持穩定與秩序，才不致陷於「一切人反對一切人的戰爭」。麥克佛森分析說，占有性個人主義是對人性的一種理解：個人在本質上是其人身和各種稟賦的占有者，個人不是社會整體的組成部分，他只是一個自利的人，關切如何實現自我利益的最大化。霍布斯的理論，最典型地體現了這種占有式的個人主義。因而，霍布斯需要一個絕對的主權者（利維坦）來維護占有性個人之間的公共秩序。

在法律範圍內，公民們可以在私人領域發財致富，主權者也有責任代表民生，保護公民們的私利。但公民們永遠不要指望與主權者分享政治的統治權，那是由絕對的主權者代表民眾所獨占的、不可分割的主權。在這樣一個利維坦的秩序之中，沒有宗教，也沒有道德，更沒有社會。聯結人們相互關係的，只是利益。而市場與權力，成為人們私人利益交易的媒介。

霍布斯式威權主義與唯我的、占有性的個人主義，互為前提，互相補充，成為中國社會正在實踐的一種「現代性」類型。目前所謂的「剛性穩定」便是建立在這一威權主義與原子化個人主義（我更願意稱之為利己主義）的基礎之上。一旦國家權力發生危機，將會連鎖發生社會動亂，因為社會缺乏金觀濤在超穩定結構理論中所分析過的「自組織系統」。

當前中國的社會一方面缺乏法治秩序中的合法組織；另一方面，原子化的個人為了生存、安全和獲得更大利益的需求，又以各種各樣非法或者半合法的利益共同體聯合起來。如同中國古代社會那樣，沒有西方那樣的自治傳統，但從來不缺乏江湖社會。這種利益共同體通常是不穩定的，具有極大的顛覆性。一旦發生危機，就是社會動亂。

陳：部分論者可能會說，近年來新興的民間社會力也在萌芽成

長的過程中？

　　許：告別了毛澤東時代以後，我們試圖重建社會，而今天中國社會的確有了很大發展，比如NGO組織。但是為了維穩，政府最恐懼的就是**有組織的活動**。它不在乎你個人說了什麼話，但一旦公民形成了組織，就被認為具有顛覆性。因此我一再說：**在今日中國，有市民而無市民社會，有公民而無公民組織**。

　　我在法國演講時有學者反問我：難道現在這麼多的非政府組織，不算是社會組織嗎？我回答她說，不錯，今天中國的確有不少非政府組織，也有很多社會小團體，但他們只是「**原子化的分子**」，彼此之間缺乏有機聯繫，無法形成像東歐天鵝絨革命之前的「平行系統」。一旦政府失靈，這些「原子化的分子」無法站出來領導恢復秩序。2008年四川大地震，許多非政府組織到災區去救災，但發現自己的作用很小，因為他們無法進入當地社會。在中國，非政府組織形成不了有組織的網路，所以很難發揮作用。

　　王：您的意思是說，「組織」應該要與「社會」有對應關係，才能發揮作用？

　　許：非政府組織本身是社會的一部分，但它們是否可以成為主宰社會的自主性力量，並與國家權力形成平行系統，要看它們之間是否可以形成一個整體的網絡，而不是一個個相互隔絕的分子。一個社會要有權威。在西方，這個權威過去是教會；在中國，則是士大夫。張灝說過，傳統中國有雙重權威：一個是皇權代表的正統；另一個是士大夫代表的道統。按儒家學說，道統還高於正統。士大夫階級具有雙重性，他們既是帝國政治的一部分，又是道統的承載者，是具有某種自主性的。當舊王朝行將崩潰時，士大夫階級會出來，用他們的威望迅速重建一個秩序。今天中國的問題恰恰在於：不再有這些可以平衡正統的道統力量。儘管有精英階層，但這些精

英是分散的，商業精英、政治精英、知識精英四分五裂，通通依附
於政府，在政府的保護下追逐自我的最大利益化。當今中國最令人
憂慮之處，是只有權力而沒有權威。人人都在爭權奪利，希望獲得
更多的權力，卻缺乏德高望重的社會權威，缺乏與權力可以平衡乃
至對抗的道德與社會權威。

　　王：那現在中國還有倫理秩序嗎？全是霍布斯式的？

　　許：霍布斯的利維坦思想在西方沒有得到系統的實踐，但在今
天中國卻被發揚光大了，再加上中國外儒內法的歷史傳統。但是我
們也要看到，這種建立在利益基礎之上的威權政治無法實現長久的
穩定，因為它缺乏正當性，不可能獲得公民普遍的、內在的價值認
同。利維坦無法建立起一個道德秩序，因此它一定需要浪漫主義為
其神魅化。但國家作為世俗化的產物，本身是沒有神魅性的，需要
借助其他超越性的力量，如宗教或文明。宗教或文明的超越意志，
在世俗化時代需要通過國家來實現。這就是黑格爾的世界精神，必
須騎在國家的馬背上才能實現，也就是普魯士帝國的國家意志。毛
澤東時代的中國是通過馬列主義而自我神魅化的，但當馬列主義如
今在中國只剩一個空殼之後，新的神魅化大概只能借助中華文明這
具歷史的幽魂而借屍還魂。因此，現在中國思想界出現了各種鬼鬼
祟祟、形形色色的政治神學。

　　如何抵抗霍布斯式的社會和可能出現的政治神學？在我看來，
政治改革固然需要，但只是一個突破口，並非長久解決之道。民主
制度一夜就可以實現，但一個與民主制度相適應的政治文化與社會
秩序卻需要三代人的努力。中國之亂，不是亂在表層，而是亂在人
心，是心靈秩序出了問題。

　　陳：您是否暗示某種漸進的出路？

　　許：我並不認為緩和急是真問題，我只是想打破那種制度決定

論的看法，也就是那種「制度改變了，中國就有希望」的看法。不
是說制度不用改，但制度改變只是治標，那個「本」仍然是社會自
身的有機化系統。哈貝瑪斯區分了系統世界與生活世界，系統世界
是由權力和市場主宰的，它的改變要通過制度的改革；但哈貝馬斯
講還有另外一個領域，就是公民們的生活世界，這個世界是排斥權
力和市場邏輯的，是一個具有自主性的公共領域和倫理空間。中國
現在最缺的是一個有倫理、有道德、有公民自主性的生活世界，這
才是問題之「本」。生活世界的僵局不破，即使建立了民主制度，
中國依然會在相當一段時間裡，來回震盪在民主與專制之間，就像
民國初年那樣。

　　陳：但除非當前的政經路線能夠有所調整，否則倫理與精神秩
序可能只會一路惡化，不是嗎？

　　許：那當然，制度改革一定是突破口，治本首先需要治標，從
止血開始。但止血後，需要的就是長期調養了。百年前的1910年，
正是革命低潮的時候；孫中山領導武裝起義到處碰壁，沒有人想到
隔年大清王朝會完。危機正是在沉悶之中醞釀的。事後分析，革命
似乎來得並不突然：朝廷財政危機；收回路權得罪了地方士紳；士
大夫精英因無法實現政治參與而產生了政治疏離感；革命黨在新軍
中的力量積累；滿清的正當性形象在族群民族主義面前逐步消解，
等等。我對未來中國有一種憂患意識，我並不認為中國通過政治改
革，就可以解決危機。中國的危機是整體性的，一旦爆發，不會僅
僅是社會危機、金融危機或經濟危機，而一定是整體性的危機。整
體性的危機，無法用一攬子的整體性方案解決，需要從基礎部分慢
慢改革。這個基礎，一個是「重建社會」，另一個是「重建倫理」，
讓社會逐漸生長出自主性的力量、倫理和精神。這樣當危機來了，
就有較大的緩衝和自我拯救的餘地。

陳：今天，那麼多力量不斷想要去鞏固現狀，去鞏固霍布斯式的秩序，您認為我們該如何去重建社會、重建倫理？

許：我也沒有靈丹妙藥。但我覺得最重要的，是自由主義者不要把複雜的中國問題簡單化約為自由、民主或公正問題。自由派不應該忽略心靈秩序的重建、國家的建構，以及帝國與文明這些似乎是自由主義議題之外的問題。對這些問題，自由主義者向來比較冷漠，好像不在他們的考慮之列。甚至覺得民主實現以後，都會自然而然迎刃而解。但事實卻是今天這些問題一個個都在敲門，我們能夠拿出與國家主義、新左派對抗的方案嗎？自由主義如果要擔當大任，就不能在這些重大問題上缺席和沉默。在思想界，說到底就是爭奪話語領導權。中國自由主義的話語領導權不能說根本喪失了，但因為在許多重大問題上缺席，不回應、不理論，也拿不出方案，其話語領導權正在一點點流失。因此，中國的自由派要有更大的理論視野，要有全方位回應挑戰的能力。我尊敬那些「微觀維權」和「整體反抗」的同道們，但我覺得我的戰場在思想界，這是我自我理解的天職：積極地與新左派、國家主義、古典主義和其他自由主義的意識型態對話，在對話和交鋒之中探索出一條既符合普世價值、又具中國特色的現代性「中道」。

底層中國的維權抗爭

————于建嶸訪談

于建嶸

湖南永州人，1962 年出生於衡陽。

文革時期，因父親被「靠邊站」，成了沒有戶口、無法上學的「黑人」。

1979 年考上湖南師院 (現為湖南師大) 政教系，主修哲學，畢業後曾任職於《衡陽日報》。
1991 年下海，在海南當商業律師。
1998 年考取武漢華中師大博士生，從此投入當代中國農民、工人維權抗爭的調查與研究。

現任中國社會科學院農村發展研究所社會問題研究中心主任、教授，
為大陸著名的公共知識分子，首創「剛性維穩」概念以分析當前社會危機。

著有《岳村政治：轉型期中國鄉村政治結構的變遷》、《中國工人階級狀況：安源實錄》、
《當代中國農民的維權抗爭：湖南衡陽考察》、《抗爭性政治：中國政治社會學基本問題》等
研究維權抗爭的專著，另寫有小說〈父親是個流氓〉。

一、「黑人」的悲哀

陳宜中（以下簡稱「陳」）：于先生，您的小說〈父親是個流氓〉是真實故事嗎？能否先談談您的成長背景？

于建嶸（以下簡稱「于」）：這是一部小說，當然就不會全是真實的。但這其中，的確有我父親和家人的影子。我的老家在湖南永州，永州那個地方柳宗元曾經寫過〈捕蛇者說〉。我爺爺的父親是個讀書人，還挺有權勢的。但到了我爺爺的時候，家裡的狀況就變得不是很好。我父親15、16歲就成了孤兒，附近的人都叫他「收帳鬼」，他到處去別人家裡吃點東西，人家就追打他。

共產黨快奪取政權的時候，我父親大概26、27歲，完全赤貧，就參加了共產黨的游擊隊。文革時，我父親當上了縣的幹部，也算是個官。後來因為湖南本地幹部與南下幹部發生矛盾，他是本地幹部，我們家就被趕到農村。我母親帶著我還有我姊姊被趕到農村，但農村也不接受我們。所以在城裡沒有戶口，在農村也沒有戶口。我父親當時留在城市裡勞動改造，那時也不算勞改，而是叫做「靠邊站」，有人監督他的工作。

我寫〈父親是個流氓〉，是為了寫我對一個歷史時期的理解。我寫的是一個流氓無產階級為了生存而奮鬥，在過程中產生了一種崇高感。他從一無所有走向革命，產生理想，但到了文革後，一切都打碎了。這在我父親身上表現得特別清楚，因為他是個老幹部，文革打碎了他們的理想，他從此就沒有理想了，回歸到現實主義。文革讓他連妻兒都保護不了，所以我在故事裡提到，大陸有一種人叫做「黑人」，是文革時期沒有戶口的人。沒有戶口，在文革時意味一無所有。和現在的農民工不同，「黑人」沒有戶口，所以沒有

布票，買不到衣服；也沒有糧票，買不到米。我媽媽帶著姊姊和我到農村，也認識了當時的農民。說實在話，我對農民的感情是非常複雜的：一方面我感到他們很苦；另一方面，有些農民很純樸，但也有些農民很壞。大多天進到我們家裡，把我們的棉被偷走，就是要趕我們走。我母親沒有辦法，就帶著我姊姊和我回到衡陽開始流浪。大概從1968年開始，流浪了八年。

　　我沒有戶口，所以無法上學。但我父親終究是個幹部，至少還是個官，所以他有一些認識的戰友，就用走後門的方式，去跟學校的校長談，讓我在課堂旁聽。因為沒有戶口，我們沒有房子。沒有布票也沒有辦法買衣服，我去讀書時就沒有衣服穿。我母親就到工廠的倉庫裡買了麻布袋，裝東西用的麻布袋，是很粗的麻布；買黑色的顏料去染布，後來找了城裡面一位瞎了一隻眼的師傅，把那些麻布做成衣服。那位師傅把衣服做錯了，一個口袋在外面，一個在裡面，當時我就是穿這套衣服去上學。生活非常苦，到處被趕，到處躲。每天都非常恐懼，大家都叫我們「黑人」，想把我們送走。

　　讀書的時候發生了一件事情，當時課堂上有個孩子，這孩子的父母是唱樣板戲的演員，當時算是紅色家庭了，她在學校當班長。我們家租房子在他們家隔壁的一個地下室裡。她向大家說：于建嶸是「黑人」，怎麼可以在班上讀書？她找人把我拖出去，但我又不願意走，一拖就把我的衣服給撕爛了。拖出去後，我非常傷心，就躲在學校後門圍牆那邊哭。我父親來了，他說他剛好路過，但我猜測應該是想看我第一天上學的情況。他看到我在那邊哭，就問我，我跟他說了情況之後，他當場也流淚了。這是我一生唯一看到我父親的眼淚，從此我就不願意上學了。

　　這件事對我一生影響很大，我現在經常對我兒子說這是家仇國恨。這雖然有些開玩笑的意思，但實際上我是提醒自己和後人，我

們曾經有過最為悲慘的過去。我後來一直思考一個問題，就是那個孩子為什麼那麼邪惡？為什麼要把我變成「黑人」？這是沒在大陸生活過的人很難體會的問題。文革究竟是如何把人變成非人？我寫的文章都反覆在追究這個問題。

二、學思歷程

于：我父親1977年正式平反，但當年10月他就去世了。我1979年考上大學，是當時我們廠區唯一考上本科的大學生。原本第一志願是北京政法學院，我的分數可以錄取。但當時進政法大學需要一點關係，政審還是比較嚴，而且家裡也沒有錢，我母親不希望我去北京。我有三個學校可以選擇：一個是湘潭大學，第二個是湖南師院，第三個是財經學院。後來我去湖南師院，有兩個原因：一是當時師範生一個月有13塊4毛錢；第二是我想去長沙。我到了湖南師院政教系，當時主要選的是哲學。

陳：您從小無法上學，都是自學？到了湖南師院，您應該算是年紀最輕的本科生，當時也參與了學潮？

于：我一直都是自學，到現在我還是不懂拼音。當時也沒有東西讀，我只好把毛澤東語錄整本背下來。今天回想起來，我能進湖南師院是很幸運的，因為湖南師院發生了一件很大的事。我去的第二年，1980年，湖南師院開始鬧學潮。學潮最早並不是從北大胡平他們開始，而是湖南師院陶森他們發動的。何清漣與韓少功那時也在湖南師院讀書，湖南省當時的知識精英都在我們那邊。

陳：學潮對您有什麼影響？

于：有很大的影響，我從此不再進到教室，每天都自己到圖書館去看書。我那時一直在想，我進大學主要想解決的問題是：究竟

是什麼樣的東西把我變成了「黑人」？我覺得教室裡的知識不足以解釋這個問題，所以，我就參加了許多社會活動，我主要是去聽、去看他們幹些什麼，去了解他們爲何要那樣幹。

陳：您當時接觸哪些書籍？

于：當時翻譯的很多書都開啓了我的思想。我們原本想從馬克思主義的本源找到批評政府的資源，但卻發現在馬克思的本源上，怎麼搞都搞不過政府。所以乾脆拋開，看新的書，像是波普的「反歷史決定論」等。還有一本關於「西方醜學」的書，那本書現在看來沒什麼意義，但當時徹底打破了我們一些思想的框架。類似像這些書籍，都改變了我們的思考。我在圖書館也遇到了一批人，後來大都在搞社會運動。

陳：後來您是怎麼到社科院的，中間有什麼轉折？

于：1983年湖南師院畢業後，先到一所大專學校當老師，但不久就調到《衡陽日報》社。當時的大學本科生十分缺少，儘管我不是黨員，還是被委任爲政治生活部的編輯，負責重要評論的寫作和政法新聞的採編工作。但我很快就發現，報社只不過是地方黨委甚至是主要領導人的工具，一切報導和評論只能有利於其政績甚至是好惡，否則就要受到批評甚至處罰。這讓我很苦悶，總想爲改變這種狀況做些什麼。由於我當時還兼職律師工作，在具體的司法實踐中，我體會儘管中國的司法還存在許多問題，但在一定的意義上，只有法律才能保障團體和個人，當然也包括媒體和新聞工作者的合法權益。於是，我利用幾個月的時間，起草了一部〈中華人民共和國新聞法（草案）：一個新聞和法律工作者的建議〉。寫完後我請人打印數份，直接寄給中共中央、全國人大和國務院等機構。這份草稿引起了很多人的關注，受到全國人大和學術界的重視。他們來信希望我能到北京從事這一研究，但出於多種原因，我未能成行。

　　1987年底，由於所謂「自由化」問題，我被迫離開了新聞界，調到教育科學研究所，後來就要把我弄到電視大學。我就乾脆當律師去了。當時我覺得只要自己賺錢，什麼事情都好辦。

　　最早中國從公務員轉職，叫做「下海」。那時又能在海又可在岸邊的工作就是律師，所以我就去當律師。我沒有正規學過法律，大學前三年都是念中國古典哲學，但在大學第四年，我學的全都是法律和法哲學。1991年我剛30歲那天，就去海南當律師。

　　陳：後來是什麼因素讓您去念博士？為什麼選擇農民研究？

　　于：我當律師賺了一些錢，我是專門打商業官司的，當時一個案子就收過幾十萬。所以就想，我已經有足夠的錢，可以為理想而奮鬥了。我1996年開著一部車，自己買的，30多萬元，拿著一個手機，全國到處跑。兩年的時間全國到處跑，什麼正事也不做。我去了一些有名的大學，包括北大和清華，到處聽課，讓我很失望，因為那些學問都不足以解決我思考的問題。我覺得，他們對工人和農民真正的生活根本就不了解。我仍舊在想著那個問題：到底是什麼因素把我們變成「黑人」？

　　跑到武漢大學時，遇到了一位老先生。他說我的想法都很好，但得做實證才能說服人。他就推薦華中師範大學在做這個研究的老師，叫徐勇。徐老師那時還很年輕，他說我對中國社會的觀察與想法已經很充足了，但是還缺兩項東西：一是話語權，另外是表達我那些想法的知識。所以我1998年就去考徐勇的博士生，我是他第一個博士生。

　　讀博士的第一年，我沒有離開學校，每天都在學校看書。貝克和布坎南的制度經濟學的書，我之前從來沒有看過。這兩位獲得諾貝爾經濟學獎的經濟學家，他們說的讓我豁然開朗，因為他們有兩個核心的理念：一是個人權利理念；二是經濟人假設。這些都與我

對人的想法一致。1999年後，我又離開學校，去農村到處跑。我在湖南按照毛澤東當年農民調查的路線重新走，走了一年。我開車在農村走，停車就坐下來與農民聊天。這些談話後來就成了我那本博士論文《岳村政治》的資料。本來我是想了解毛澤東革命是怎麼成功的，是想寫共產黨如何動員農民。但我的指導教授說最好不要寫那個，那會很難通過。

陳：《岳村政治》有很長的附錄，但正文寫得比較拘謹，跟您現在的風格很不一樣。

于：為了通過，沒有辦法。我走了整整一年，書的後面都附上了紀錄。2000年又回到學校，當時老師並不同意我原本的寫法，只好改。但我還是強調了我的理念，就是個人權利的理念。我發現我們的制度在所有的過程當中，都忽略了個人權利的保護。

陳：對您來說，個人權利具體包括了哪些項目？

于：包括政治權利、經濟權利，所有一切權利的項目。我主張個人權利至高無上，社會得先保護個人的權利才會有公共的利益。我們過去都是從公共利益來思考個人的利益，但我在博士論文裡則強調個人權利的至高地位。我考察農民運動時，發現那些運動都說是為了美好的未來，而不管個人權利的保護。所以都為搶殺提供了理由，但最後卻發現，搶殺來的東西在另一個口號下又會失去。那時要農民革命，所以承諾給農民土地，但最後又因為另外的口號而喪失。所以我認為：一個社會離開個人權利的保護會是很危險的。

陳：您博士論文完成時，「三農問題」很熱門。您的論文採用了現代化理論的架構；但另一方面，您很多更具體的觀察和說法，卻又顯得與現代化理論有些距離。這個觀察對嗎？

于：對，您注意到了一個關鍵的問題。那本博士論文，最重要的是後面的訪談錄，那個訪談錄首次將農民與政府間的對抗表達出

來。我原本想寫的就是這個部分，但老師說會無法通過，所以不讓我寫。於是我不得不寫些別的東西，但又無法放棄原來的想法。出書的時候，我把這些內容用訪談錄的方式呈現。這個部分獲得很多老師的肯定，老師們看了也都很驚訝。我也做了錄音錄像，以避免造假的嫌疑。

完成博士論文後，我的老師徐勇就要我去社科院。當時張曉山（按：胡風的兒子；胡風本身姓張，搞革命時才改姓）看到我已經出版的博士論文，由於他是農村出身，所以特別驚訝。他好奇，農民怎麼會組織起來反對政府？後來張曉山就要我去他那邊做博士後，那是2001年。到了北京兩年後，張曉山叫我再去做農民調查，我後來向中央出了很多報告。那時中央不相信我的報告，就派人按照我的路線再去調查一次，但最後仍然沒辦法駁倒我。

三、農民的維權抗爭

陳：「三農問題」前幾年很受重視，幾乎成了一門顯學。有些人認為，胡溫免除了農業稅後，農村情況已經有所改善，不知您如何評估？另外，基層選舉的情況如何？

于：首先農民問題，我認為不是胡溫新政或少數幾個知識分子所能改善的，因為它根本上是社會壓力太大所導致。我有足夠的證據證明：當時在湖南，農民都組織起來抗稅，鄉鎮幹部不敢下鄉，官民矛盾極為嚴重。官方的政治成本已經非常大，難以承受。我在當時寫給官方的報告裡說：「天下可憂的在於民窮，天下可畏的在民怨。」當整個社會都對你發生怨恨時，官方就要感到恐懼。事實上，取消農業稅是沒有充分準備的。2004年3月5日溫家寶說取消就取消了，實在是因為政治壓力太大逼迫的，因為官民矛盾的尖銳度

已到達無法想像的地步。有些知識分子說，取消農業稅是因為他們當時寫了一些文章，但我想不是那麼簡單。真正的原因就是壓力，因為官方的政治成本太大。

陳：農村裡的幹群關係，因為免除農業稅而改善了嗎？這幾年中央財政的口袋很深，過去搞攤派的基層幹部，現在中央財政直接可以挹注。

于：是啊，取消農業稅後，基層農村情況有很大的變化，迅速修復了共產黨與農民間的關係，這著棋做得非常有效。中低層農民不用交稅，政府還給他錢。雖然農民還是貧窮，但一切最基本的社會福利都有，小孩上學也不用繳錢。中國的貧窮需要注意到一個問題，就是農民雖然貧窮，但只要不從他們的口袋裡拿東西，他們基本就不造反。因為中國的農民從來就沒想像過政府能夠給他們什麼，他們原本想的都是政府怎麼剝削他們。所以給他們東西的，他們就覺得是好政府。最近我跑了一些地方做調查，我覺得這點無法否認，就是共產黨迅速修復了他們與農民的關係。不久前，我帶學生到湖南省的常德農村調查，有些農民就說：現在幹部不錯了，不向農民搶東西了。

但是，農民問題並沒有因此而解決。雖然幹群關係有所改善，但仍舊沒有改變農民與社會的關係，也就是並未改變農民仍舊居於社會弱勢的現實。農民貧困，他們想致富的管道基本還是沒有。而且這些年很多農民工開始流動時，又產生了新的問題。第一是有些農民想進城，但由於土地集體所有，不能自由處置自己的土地；第二是農業生產規模經營上不去；第三是由於城市化的發展，因徵地引發的衝突成了農村的主要問題。

陳：土地流轉前幾年討論得很激烈。

于：當時的討論沒有解決根本的問題，只是在討論土地經營權

是否能夠流轉的問題，沒有深入討論農村土地所有權這樣一些基礎性的問題。您剛剛提到基層選舉，我覺得那是小問題。台灣也有村長，他們也是領政府的薪水，協助村民辦葬禮、嫁娶、社區事宜，這些不會對村民生活帶來太大的影響。但在中國當村長不同的是，他控制比較多的資源、比較多的共同財產，這種財產關係也就衍生出種種問題，像是選舉控制、村莊管理等問題。

陳：您說一個是失地農民的問題，他們靠近城市周邊的土地被圈走。此外，還有共同財產的管理與利益分配問題。

于：對，所以我才說，**通過免除農業稅修復與農民的關係，並沒有解決失地農民的問題，也沒有解決共同的財富及其背後的共同體關係的問題。**政府為了控制土地，為了圈地，在這個過程中產生了新幹群關係的尖銳矛盾。這種現象主要發生在城市周邊，早些年主要發生在廣東、浙江、江蘇、河北、山東等經濟較發達地區。

雖然真正的農業區域也有土地分配不均的情況，但卻不是核心的焦點。這些土地分配雖然不均，但矛盾並不尖銳，所以不足以影響政府與農民間的關係。這與之前的狀況不同，因為原來發生問題的恰好都是最貧困的農業地區。現在這些地區的問題已經沒那麼嚴重，至少矛盾沒那麼尖銳。

陳：〈零八憲章〉關於土地私有化的那條，引起了一些爭議。不知您怎麼看？

于：從理念來說，我認為土地私有化是好的方向，因為它保障了每個人的權利，但現在的問題是土地私有化存在兩個障礙。一是現有的利益格局怎麼均衡？由於有三十年土地不變的規定，所以產生了許多問題。第二是操作問題，就是怎麼分地？我認為私有化不需要太多的討論，重點是怎麼操作。我的想法是：要先確定農民的權利，不管是公有化還是私有化，都要尊重農民的意願，在過程中

把他們的意願體現出來。我覺得不需要太強調一些意識型態原則，像是非得先把地都重新分配了再說，因為這事實上辦不到，很多人不願意這樣做。所以必須要有全面的思考，要有開放的心態：如果他們願意分就分吧！分地有好有壞，但重點是必須先確定農民的權利。他們有這個權利，可以賣、可以離開。公有制有兩種：一種是按份公有，另一種是共同公有。按份公有可以用腳表決，共同公有是人可以離開，但東西不能帶走。我的想法是可以**讓農民用腳來投票**。

在某些地區，圈地也沒有用，因為沒人買。廣東有些偏遠的農村就是如此，只能出租給農民，請外地農民來種。所以關於土地所有權，我認為不要從意識型態的立場去討論私有好或公有好。但有個基本原則是不變的，就是個人權利必須受到保障，其他的都可以討論。

陳：有些論者認為：如果農地不能買賣，農民不容易鬧事；如果土地流轉等於私有化，會製造更多的問題，如造成更大的貧富差距。您怎麼看？

于：事實上不存在這些問題。有次在清華大學開會，我提出可以讓農民買賣土地的想法，有位經濟學家就生氣罵我，說農民生病了把地賣了怎麼辦？我生氣的回應他：如果連生病了都不能賣地救命，留有那些土地幹什麼？我認為，思考中國問題的一個關鍵是：**要思考個人權利是不是獲得了確認**。我們願不願在一起是我們的意願，政府的責任不是強制我們一定得在一起。

陳：關於農會，您有何看法？

于：我贊成組織農會，但這不是由我個人的主張來判定的，而是農民本身有組織農會的需求。當我在調查農民時，有些農民就是在討論農會，有兩個老農民都提出「農會法」。現在之所以會認為

農會是個問題，主要是因為覺得農會是破壞社會穩定的組織。但這是很大的誤解。我寫過一些文章，討論共產黨為什麼怕農會；共產黨主要是怕農會成為革命性的組織。但事實上，從台灣經驗可以看出，農會對選舉會有作用，但終究不是破壞性或革命性的組織。

　　我對農會的想法，主要也是從權利問題來思考的。農會短時間內無法做到，現在是以「農民經濟合作組織」來替代農會。我認為這也不是不好，只是要看它的實效。

　　陳：您說免了農業稅後，幹群關係得到一定程度的改善。中國可能還有九億農民，總之數量龐大。當國家改善與小農的關係，小農是否可能成為專制的社會基礎，像是馬克思分析過的19世紀中葉的法國？您如何看待農業部門與政治轉型的關係？

　　于：我是這麼看的：到目前為止，農業區的農民對於政權是很向心的，因為現在的農業政策是很施惠於農民的。這點我覺得確有其事。但在此之外，一個很大的問題是大量農民的流動，就是所謂的**第二代農民工**的問題。很多中國農民嚮往城市生活，但現在的制度對他們進入城市設下了許多限制。這也正是最近二代農民工反覆被提起的原因。

　　當然，失地農民變成了流民後，也會帶來問題。經驗上，有些失地農民會因為徵地而生活改善，有些則不然。關於失地流民，發生問題的都是在縣城，很多「群體性事件」都是發生在縣。農民工一旦無事可做，會回到自己的縣，就到處在親戚朋友家待著，無所事事。

四、工人的維權抗爭

　　陳：在農民調查之外，您是從2001年開始從事工人調查？

于：對，2001年開始做工人調查。做完博士後研究，社科院要我留下來。我接著就到江西安源做工人調查。

我本來就也想寫工人，因為我出生在工人家庭。我父親事實上是官員，算是縣團的幹部，但也是工廠的領導。我覺得我的想法已經差不多完整了，問題是怎麼把工人與農民的思想表達出來。我不斷地走、到處調查，是希望通過大量的事實來說服人。我到今天為止一直堅持這個研究風格，就是不斷表達現實、實例。由於我出身在工人家庭，也做過農民、流浪漢，我想把底層社會呈現出來。我是沿著這個思路去做研究的。

陳：那我們轉到工人階級狀況。

于：工人的問題比較複雜。目前有幾種工人，一種是完全雇用勞動，這是主流。但這種工人又有幾個類別。有些是從原來國有單位改制過來的，原本是有身分的，但後來變成雇用的。這類工人的問題在於：他們原來的身分所自動帶來的權利，可能與現在雇用的情況不能接軌。另一類完全雇用的工人，不只包括農民工，還包括像是在民營事業或外資工作的大學生。還有一種工人，是在國有單位的改制過程中失去工作的人，就是所謂的下崗職工或失業職工。

不同的工人有不同的訴求，以及不同的表達方式。例如廣東本田發生的罷工，是在廠區裡不做事，不履行勞動的義務，也就是行使拒絕勞動的權利。但他們不上街遊行，就是在廠區裡面不出門，因為他們知道問題是勞資關係中的博弈。他們的抗爭方式就是通過不動工來制約、施壓資方。第二種，有些中國工人上街抗議，主要是因為工廠關閉，但他們的工人身分還在。所以他們得藉由上街遊行使政府重視他們，要求政府做出承諾、解決問題。

陳：像本田那種罷工多嗎？占大多數？

于：多，但這種罷工不足為懼，因為這種罷工只是勞資關係中

的博弈。像原來的國營企業下崗的工人，罷工情況就不同，他們就上街。他們是沒工可罷的工人，因為工廠都關了，只好上街表達訴求，影響公共秩序，使官方重視。罷工的訴求也很不相同，有些會直接向資方訴求，此時政府扮演的角色應該著重在裁判。但中國公有企業改制的，就會把政府作為訴求的主要目標。

　　陳：本田那類自發性的罷工，跟工會的角色有何關係？

　　于：有關係，他們與共產黨的工會發生了正面衝突。所以，全國總工會才提出了一個問題：工會要怎麼代表工人利益？還提出了「維權是維穩的前提和基礎」的說法。

　　目前政府對工會的要求是：為工人謀求福利以及協調勞資關係。工會並沒有被要求領導工人罷工。我們知道所有的勞資關係都不是三方關係，而是四方關係：資方、勞方、政府、以及工會。在中國，目前工會是缺位的。為什麼需要工會？領導罷工應該是屬於工會的行動，而不是工人私人的自發行動。在中國以外的國家，幾乎所有的工會法都規定工會有罷工的權利。

　　陳：您說，工會與罷工在中國是兩件事，無法合在一起。這是否意味：中國政府在勞資關係中一面倒向資方？

　　于：現在中國的工會不僅不組織罷工，還禁止罷工。所以工會的問題比農會的問題顯得更為重要。農民必須通過農會與市場博弈，而工會的目的是要與資方博弈。罷工有兩種：一種是政治型罷工，通過一個議題對政府的公共政策提出抗議；另一種是經濟型罷工，直接對資方的某個政策進行抗爭。目前，中國絕大多數都是經濟型罷工。若要進行罷工，就應該讓工會能代表工人來領導罷工。最近我寫了很多文章，反覆強調工會應該要領導罷工，全世界的工會法都是如此。在中國的勞資關係中，有一項是缺位的，原因就是工會不能真正代表工人。我2004年完成的《中國工人階級狀況：安

源實錄》那本書，也強調組織化的工人利益是國家的謊言。我強調勞資博弈並不影響社會穩定。一般人都覺得只要罷工，社會就不穩定，但這看法是錯的。

　　陳：如果政府一面倒向資方，或出於您所謂的「剛性穩定」思維而不讓工會扮演其應該扮演的角色，那會不會使某些相對單純的經濟型罷工，逐漸朝政治型罷工的方向發展？您認為有這種可能嗎？

　　于：將來中國的罷工一定會往政治性的方向走，雖然現在它被壓抑，不被允許。繼續壓制下去，將來就可能對著幹。如果能夠放開，反而不會走向激烈化。中國政府取消罷工法的主要理由是說：中國已經是社會主義國家，工人本來就是國家的主人，怎麼可以罷工呢？又怎麼需要罷工呢？但現在情況不同了，是需要罷工的。在勞資關係的緊張下，我們目前缺了工會。目前國家的法律並沒有一條限制罷工的規定，所以也不見得會牽動到修法的問題。罷工權也不會違背與資方的契約關係，因為罷工權本來就是勞工的基本人權，是勞動條件的一部分。

　　陳：您怎麼看待二代農民工與工人階級的當前狀況？包括富士康所暴露出來的問題？

　　于：第一代工人主要是追求經濟利益，而二代農民工則牽涉到新的問題，他們主張新的權利。他們會認為很多既定的規範是錯誤的，因此要伸張新的權利，這在很多方面都已經表現出來。過去農民工只要求做事給錢，但現在已不是給錢就好，給少了、欠缺權益都是不行的。他們不只維護已有的權利，還要伸張新的權利。這我覺得，將會是中國的農民工運動走向新階段的一項關鍵。二代農民工主張新的權利，包括教育、福利等等，這與第一代完全不同。維護舊的權利與伸張新的權利，現在已經交織在一起。但很多觀察家

都未察覺到這一點。

　　從維護已有的權利走向主張新的權利，這不只是二代農民工，所有新生代的雇用勞動者都正在走向這一新的階段。所以對中國工人的認識，要有新的認識方法。中國工人走過了幾個階段，先是從國有單位身分制，走向身分與雇用的混合。改革開放後的工人是第一代雇用勞動，但他們也能回去。新生代的雇用勞動者提出了新的問題，我們要重新去理解。廣東本田的罷工，是從新生代雇用勞動者所產生的。這是今天工人所提出的挑戰，也是我們理解今天工人問題很重要的關鍵。中國的執政黨與工會應該承擔什麼責任？怎麼調解？這是共產黨需要進一步思考的。工人已經從意識型態走下來了，他們轉變成了普通的勞動者，而且雇用勞動也發生了變化。

　　陳：關於工人維權、伸權，包括您在內有不少論者認為：這代表工人新的權利意識的出現和成長。但也有一些支持本田罷工的論者，似乎帶有更多的中國社會主義色彩，就是不強調權利政治的面向，而是呼籲共產黨兌現其「工人是國家主人」的宣稱。

　　于：我是從現實走向的角度來看問題的。我認為不是共產黨或中國左派想要怎麼做就可以，因為工人已經在主張新的權利了。現在爭論的已經不是八個小時或九個小時的問題了，已經不只是在爭論為什麼不給工資，也已經不是資方有沒有履行工資協議的問題而已。現在工人已經主張工資標準不對，已經是在挑戰過去不正確的協議。現實的走向是如此，我們必須去看待事實發生的關鍵層面。現在工人只是拿共產黨的規則來挑戰資方的規則，官方就已經感到麻煩；未來若走向以世界人權宣言、聯合國的規則來挑戰共產黨的規則，政權就會面臨重大危機。

五、「群體事件」與「剛性維穩」

陳：您提出的「剛性維穩」、「剛性穩定」概念，現在很多人使用。面對層出不窮、不斷增加的群體性事件，當局的應對辦法是「剛性維穩」，但您基本認為這種維穩方式已經走不下去了？

于：首先談群體性事件，從1993年後的確一直在增加，而且每年都在增加。群體事件可以分成幾類，第一類是因為利益受損而產生的。這類群體事件主要是爭利，雖然的確造成一些問題，但是不會對國家政權直接帶來太大的威脅。當地方政府侵犯到農民、工人的利益時，他們會反抗地方政府，但不會對抗整個國家政權。這類利益之爭有四個特點：第一是爭利不爭權，要錢不要命，不搞革命；第二，還是照著共產黨的規則來玩；第三是反應性大於進取性，一般不找他們的麻煩，他們也不會抗爭，主要是反對官員的亂作為；第四是行為遊走在法律的邊界，在合法與非法之間。

群體事件的第二類，我稱為洩憤事件。沒有來由，主要是對公權力和有錢人的不滿、洩憤，也不亂搶亂打，與事件無關者不會牽涉進來，單純就是發洩心中的怨恨。第三類是騷亂，是亂打亂炸，像最近湖南省發生的事件就是這樣。

群體事件主要牽涉到社會穩定問題。另外還存在個體極端事件，可以分成四類。第一類是自衛，你欺負我我就拿刀捅你。第二類是自殘，就是傷害自己，不傷別人。第三類是報復，用激進言論或殺人，像是只殺公安、法官等事件；不到處傷害，只針對特定的人。第四類是洩憤性的個體暴力，主要是反社會人格所造成的，不反政權，但是反社會，這是最麻煩的。

共產黨面對這些問題，主要的辦法就是維穩，而且採取的是一

種「剛性維穩」。在我看來，台灣的穩定是以「是否影響法律的穩定性」為標準，而大陸的穩定則主要是以「是否影響共產黨的政權穩定」為標準。這兩種穩定取向完全不同。前者是只要法律秩序沒受影響，任何人執政都沒有關係，政權的更替不影響社會法律秩序的穩定。但中國大陸則不是。共產黨為了鞏固政權，把一切可以疏導壓力的管道都視為不穩定因素，遊行、示威都是不穩定因素。為了消滅一切不穩定因素，共產黨就不斷施壓，也就是壓力維穩，從上級施壓或用暴力施壓。這種維穩我稱為「剛性維穩」。這個詞之所以現在很多人使用，我想是因為表達了社會現實。

陳：剛性維穩與1992年後「發展就是一切」的激進發展主義道路有關嗎？有些人說，剛性維穩、壓力維穩是為了經濟發展，為了富國強兵。

于：我認為共產黨的核心理念不是經濟發展，它一切的目標就是一條：政治權力的排他性。沒有認識到這一點，就沒有真正理解中國共產黨。發展、保八、剛性維穩等等，它一貫的目標就是獨占權力，造成權力的排他性。一切都是手段，真正的目的在於統治的壟斷性。若是沒有看到這一點，其餘的討論都會失去焦點。「剛性穩定」就是從這個角度來思考中國大陸政權的特性：一切政策都會變，但黨的領導就是不變。

「剛性維穩」帶來的核心問題，就是維穩的成本越來越高，社會矛盾越來越尖銳。現在不能遊行示威，就直接殺孩子。為什麼要殺孩子？因為孩子沒有反抗能力，殺了孩子會造成社會的痛。鄭民生講得很明白：孩子好殺嘛！這類案件說明：由於社會的原子化，就會出現原子化的反抗。原子化的反抗所帶來的社會問題，往往比群體的反抗更危險，而且防不勝防。群體行動是可以防範的，因為它終究有一些方向與聲音要表明，但鄭民生卻是防不了的。今天有

人拿刀殺進學校，就防學校；明天有人去法院殺法官，就防法官。像這種原子化的暴力，是防不勝防的。

陳：維穩經費已經超過了軍費？

于：這一點很難進行具體測算，因為有關資料不公開，如何界定維穩費用也是一個問題。很多都是無法估計的，譬如說，鄭民生殺孩子，他這一把刀就砍掉了很多億。政府財力多的時候，社會的壓力也大。我主張維穩要從成本的層面來思考，而不是意識型態的層面。當政權越來越無法解決那些壓力時，就得重新尋找出路。我不認為中國共產黨會因為意識型態而改變，或因為領導人勤政愛民而改變，那些都是口號。真正的問題在於：沒路可走的時候該怎麼辦？到時就必須尋找出路。不管左派、右派或任何的意識型態，對共產黨都不會有太大的影響。它早已是個沒有信仰的黨，一個現實主義政黨。對它唯一構成影響的，就是現實的壓力。

六、重構中國的政治走向

陳：有些「中國模式」論者說，中共具有高度的調適和學習能力，您同意這說法嗎？

于：我覺得共產黨不是在學習，而是在應對，只要可以用他們都會拿來用。他們根本就不會學民主理論，而只是在找解決現實壓力問題的方法。未來他們在做選擇的時候，會不會走向民主或公民社會？我認為他們在面對社會壓力時，有兩種可能性。一種可能是繼續壓，這種「壓」的做法已經延續了十年、二十年。但現在問題在於：「壓」的做法遇到了科技，例如網路。我認為，中國社會的動員機制正在發生變化，網路可能會改變中國的政治前景。現在根本不需要實體性的組織，只要通過網路，就可能產生共同行動。晚

近發生的很多事件，都與網路有關。中共當然想控制網路，但很困難；因為科技發展太快了，每天都在更新，都帶來新的挑戰。網路可以衝破過去的政治壁壘。像現在，台灣、香港就可以通過網路影響大陸。

　　陳：您的說法似乎相對樂觀。

　　于：基於我對中共政權的觀察，我認為它要壟斷統治權，最大的關鍵是信息的控制，但現在已經做不到了，即使想做也做不到。以前可以控制電視台，現在還是可以，但是控制電視台已經沒有太大意義。因為新的信息管道太多，已經解構了政治信息的壟斷。由於信息無法被壟斷，組織資源也會發生變化，於是就產生博弈，共產黨得想辦法應對。老方法就是高壓，但高壓越來越困難，所以必須想出另一些做法。

　　共產黨有沒有可能設想在不影響高層政權結構的情況下，乾脆從自身做起？面對信息資源控制不了、新型組織也無法控制的情況，共產黨有沒有可能妥協？也就是我提的，有沒有可能為了解決現實壓力的問題，從「剛性維穩」逐漸走向「韌性穩定」，增加民眾的參與，放開基層民眾的意見表達權？

　　前陣子在社科院，我們就在討論如何在縣級開始實驗民主選舉。這是共產黨在出現了失控的情況下才可能考慮的出路：反正基層改變不了高層，縣級基層民主也許是以時間來換空間，藉由時間來得到上層的空間。這就是我觀察中國的方式，以實際問題作為導向。不跟共產黨談意識型態，而是告訴他們為什麼不得不改變，以及實際問題該怎麼應對。

　　陳：您提出的縣級民主，部分靈感似乎來自於對台灣的觀察？在台灣的威權時代，國民黨政府為了交換地方勢力對中央的政治忠誠，很早就開放了縣級選舉。在1980年代末民主轉型以前，縣級選

舉在台灣已經搞了將近四十年。

于：中共政權現在面臨想封也封不死的情況，所以需要新的解決方法。孫中山提出的建國方略也是說需要縣級民主。在我看來，面對越來越多的網路組織在衝擊體制，這是中共必須要採取的應對方法。我到了台灣之後觀察到：縱使陳水扁做了很壞的事，但終究是可以把他關起來的；台灣存在政治鬥爭、政黨鬥爭，但司法體制仍舊在起作用。台灣已經發生兩次政權轉移，但不至於造成社會的混亂。

我去到台灣觀察之後，覺得很多情況都很特別。譬如說，**看起來沒有政府**。村裡有村長和村里幹事，但事實上他們做的是鄉紳的工作，不是在進行統治，而是調節人際關係和聯誼。每一個縣都有自己鄉鎮獨立的形式。**我對台灣是很看好的，也預期中國大陸會走上這條路**。我覺得大陸會逐漸走向台灣的政治運作邏輯，道理非常簡單：你不能任意地拆人家的房子！在台灣，不但不能亂拆，拆了之後還能打官司，告不了還有民意代表，沒有民意代表還有媒體監督。大陸最後也會走向這條路。

陳：台灣有些人抱怨說，正因為舊房子拆不了，土地徵收很麻煩，所以發展的速度太慢。看到上海怎麼一下子就弄好了，覺得大陸要蓋幾條高速公路、高鐵、地鐵都可以，感到很羨慕。

于：台灣老百姓到了大陸後，就會覺得他們寧願在台灣，不要在大陸，因為拆有可能會拆到你的！我去台灣時，于宗先先生跟我說：大陸千萬不要學台灣，現在十大建設都做不了了。我回答說：我寧願做不了，也不願意自己的房子被拆。**社會最重要的是要有規則，不能因為發展而連規則都不要。社會規則是人生活必要的東西，不然就會每日生活在恐懼當中**。在中國大陸，你可能永遠不知道何時房子會被拆。每日生活在恐懼當中，要發展有什麼意義呢？假如

我們只是看到高樓大廈，卻每天都要擔心我們的權益不保，這個社會不是很痛苦嗎？有人會說，為了未來，就先犧牲這一代。但為什麼必須為了公共利益而犧牲個人？我一再主張個人權利的保護，這是我唯一的信仰，並由此來思考制度的改變。如果高速公路蓋好，卻帶來社會根本的動盪，那高速公路是沒有用的。所以我認為，執政黨要尋找解決的辦法。

陳：關於家庭教會，您曾經主持一項調查研究，並在報告中提出「在權利基礎上營造責任與合法性，才能賦予家庭教會公開性的義務與道德要求。」但要是權利得到了保障，公不公開也就不那麼重要了？家庭教會的地下化，不正是因為被當局打壓嗎？

于：中國的家庭教會走向地下有兩個原因：一是權力的原因，另一個是利益的原因。部分家庭教會走向邪教化，是想通過這來得到更多的利益。甚至，他們會利用被共產黨打壓而獲得利益。我提出了幾個解決問題的方法：第一是政府不要把宗教當作敵人；第二是精英不要把家庭教會當作工具，不要利用教會斂財；第三，民眾不要把信徒當作異類。

陳：家庭教會是敏感課題，您能主持這方面的調查研究，發表這方面的文章，顯示跟高層的管道仍然暢通？

于：我都是做問題研究，然後寫出報告，給高層並同時向社會公開。有很多題目我可以做的原因，是因為我是從問題出發。我們無法忽視現實存在的問題，總要想辦法解決。如果無法打壓，最好的辦法就是給他們合法的權利。高層或社會能否接受我的觀點，不是我所在意的。我從研究農民、工人到家庭教會，都是持這樣的立場。

陳：您怎麼看中國的社會主義傳統？

于：我認為中國社會主義傳統的意識型態正在瓦解，已經沒有

多大的動員能力。有些工人或左派說社會主義如何好，但我覺得很多都只是口號。問到毛澤東時期好嗎？有人說好啊，有公平正義，但接著問有自由嗎？他們就很難回答。我反覆詢問工人和農民這些問題，發現他們大都只是把社會主義當成口號而已，目的是反抗現在的政府與政權。

我很少與思想界交流。我認爲在當下的中國，對「問題」的研究是十分重要的。有些人把毛澤東時代的東西當作反抗的武器，也有些人通過講這些而獲得學術利益和社會利益。我則是從問題的角度來思考的，而且認爲個人權利的不可侵犯才是社會最重要的底線。如果說我有理念的話，就只有這一點。這是由我生命的經驗得到的：不要因爲未來或人類社會的解放而犧牲個人的權利；不能因爲所謂大家的利益而犧牲個人的權利。只有保障個人現在的基本權利，才有最好的社會！

永遠的造反派

————袁庚華訪談

袁庾華

湖南湘鄉人，出生於 1946 年。

7 歲隨父母遷往河南，在鄭州定居。初中後，到鄭州肉聯加工廠當工人。文革之初，是該廠第一個造反派。
爾後，一直到文革後期，是河南省造反派的中堅人物。

因文革政治問題數次入獄、出獄，最後一次被關了十多年。
1989 年初出獄，從事木材生意。1995 年起至今，與邵晟東、王宏川共同創立、經營鄭州思想沙龍。

在大陸左右派近乎決裂的今日，鄭州思想沙龍仍是左右派共用的民間思想平台。

他自許為永遠的造反派，旗幟鮮明的毛派。
在此訪談中，他多方面肯定毛澤東，並為文革造反派辯護，同時勾勒出大陸民眾社會中的毛派面貌。
他呼籲各種思想趨向的對話交流，共促中國的民主進程。
他主張結合程序民主與大民主，停止對文革造反派、六四分子和法輪功分子的政治迫害，
並堅持政府須承擔起醫療、教育、住房、養老等社會保障。

一、造反經歷

袁庚華（以下簡稱「袁」）：我1946年出生，是湖南湘鄉人。我爺爺及其前二代都經商，解放後定成分爲工商業兼地主。我父親解放前讀的是湖南大學土木工程系，大半輩子從事黃河水利建設。

陳宜中（以下簡稱「陳」）：您何時到了鄭州？

袁：1953年我母親把我從湖南帶了出來，1954年到了鄭州。

陳：1957年反右時，您父親是否受到影響？

袁：他被稱爲「漏網右派」。文革剛開始，劉少奇、鄧小平主政時，很多知識分子都被戴了高帽，我父親也一樣。當造反派起來以後，包括我父親，90%以上的知識分子都是支持造反派的。他們在解放後的歷次政治運動中，都是當權派的犧牲品；到了文革造反派起來打倒當權派以後，他們就支持造反派。但在文革後期和文革後，他們思想也向右轉。

陳：中學後，您就去工作了？

袁：1964年我參加工作，去了鄭州肉食加工廠，1965年合併到鄭州肉聯。這是蘇聯援助156個項目中的一個，勞動條件還不錯。問題是：單位裡在1957年反右擴大化以後，政治上高壓——這是大陸社會在文革前的普遍現象。我很難適應工廠裡的社會關係，所以只上夜班，白天就泡在省圖書館。

陳：您何時開始參與政治活動？

袁：1965年11月，姚文元寫〈評新編歷史劇《海瑞罷官》〉。我投書給《光明日報》，說應該肯定對農民的讓步政策，以減少農民負擔。到了1966年6月6日，黨支部組織車間群眾貼出了批判我的大字報，說我替吳晗翻案。8月26日，因爲廠黨委違反中央搞文革的

十六條規定，直接操縱給知識分子和群眾戴高帽遊街，我寫大字報反對，後來也被戴了高帽。

陳：您何時成了造反派？

袁：1966年12月10日，中共中央關於工礦企業抓革命、促生產的文件下發，宣告工人可以成立群眾組織。我動員幾個朋友成立了我們廠的第一個群眾組織「燎原戰鬥組」，第一號通告就是：不再承認黨委領導！不到一天，我們廠就成立了一百多個群眾組織。

在落實毛主席批示的中央要求銷毀所有整人材料的指示時，形成了三種意見，也據此分化成為三派群眾組織：第一種是，相信黨委將按照中央指示銷毀整群眾的材料（保守派）；第二種是，相信黨委，但要有工人代表參與（中派）；第三種是，不相信黨委，由群眾親自銷毀（造反派）。

1967年1月1日，河南七個造反派組織奪了省委的權，我被分工到「省委政法領導小組」負責，幹了七天就掛印而去。中央沒承認這次奪權。後來，我參加了籌備「河南二七公社」的工作，這是河南全省的造反派組織。

陳：造反派奪權後，何時被鎮壓？

袁：沒多久，就出現了「二月黑風」。1967年2、3月間，中央右派支持各省軍區鎮壓造反派。新疆、內蒙、青海等地軍隊還對造反派開槍。其中，青海省軍區副司令趙永夫在林彪、葉劍英的支持下，2月23日開槍殺了幾百名造反派。全國鋪開大規模抓造反派（京滬等少數地方例外），抓了幾百萬。我前三次被抓，中途都被造反派搶走。第四次被抓，是因為我爸非要我回工廠。

但沒關多久，4月初，毛主席批示的中央軍委十條命令等文件下達，制止了軍隊抓人。所以大多數造反派出獄，但還有幾個沒放。為了解救仍被關押的同志，我們造反派就在公安局門口靜坐、絕食。

5月4日，省軍區組織十萬保守派群眾，用木棍、鐵棍打傷了我們很多人。這是河南第一次大規模武鬥，我們稱之爲「五四慘案」。

　　陳：您在武鬥中扮演什麼角色？

　　袁：整個5月我們一直挨打，發生一系列血腥事件。30日，省軍區、公安局保守派的頭頭，組織、指揮新老保守派搞全市戒嚴，對我們全面進攻。我們死傷嚴重，俘虜被發配到農村勞改。31日，二七公社召開緊急擴大會議，當場我們痛批原公社負責人搞「右傾機會主義」。我們提出要「文攻武衛」，重組了二七公社領導班子，叫做「火線指揮部」。

　　我們立刻反擊成功，俘虜了一萬多名保守派，沒有虐待，教育釋放。6月3日，我們在保守派指揮部的地下室裡，發現了機關槍、衝鋒槍、小砲（手榴彈）。6日，我們突襲、查封了軍隊控制的《河南日報》社。接下來的整個6月份，雙方力量平衡，傷亡率很低。7月22日江青接見河南省代表時，肯定了「文攻武衛」的口號。「文攻武衛」實際上就是必須保衛我們言論、出版、結社、遊行示威的民主權利。7月25日，中央公開表態支援了「河南二七公社」，我們迅速控制了形勢。

　　陳：反擊之後，還有哪些發展？

　　袁：造反派勝利後回到工廠，全廠的造反派組織聯合，還有原領導幹部、軍隊代表參加了領導班子。我是核心領導小組的組長，就是肉聯廠的一把手。

　　我在社會上被人稱爲「極左」，進廠掌權後，又被人斥之爲「極右」。因爲我首先壓制了造反派的報復情緒，不許打人。同時，我在廠裡的很多問題上，有意地把自己調整到新的弱勢群體、我原來的對立面、保守派的一邊來。過去站在保守派一邊的領導幹部，只要寫個檢查，一律解放。這些做法使我們廠在生產上獲得了很大的

成功，恢復到歷史上的最好水準。作為最早穩定下來的全國大型肉聯廠，我們還擔負了援越抗美戰爭所需要的全部軍用肉鬆的生產。

　　陳：您何時第二次入獄？

　　袁：1968年秋，在「反多中心」運動（實際上是掌權的軍隊和地方官僚整激進的造反派）中，我被打成河南極左代表人物，被整入監獄。網上有篇我的文章〈「九大」前後在市看守所〉就是寫這段經歷。1969年底，我出獄回到單位，在基層做工人。半年以後，我又因所謂「洩露機密」被關進監獄，沒有任何拘留、逮捕手續，被關押了兩年五個月。

　　陳：1970年第三次入獄的背景為何？

　　袁：當時全國搞「五一六」啊！鄧小平也承認全國當時關了上千萬人。河南專案組有三大專案，其中我是一大專案。關於這次入獄的情況，網上也有我一篇文章，叫〈文革中的河南省看守所〉。從1969年前後軍宣隊進駐單位和清理階級隊伍開始，全國全面清算造反派。1970-71年的「一打三反」運動是整個文化大革命中間最黑暗、最恐怖的一段。文革中被判死刑的80-90%以上，都發生在這段時間。

　　1972年底給我平反後，也對我1968年被整的事平了反，恢復了我在廠裡的常委職務。

　　陳：「一打三反」的目的是什麼？

　　袁：「一打三反」說是打擊現行反革命，反貪污盜竊、反投機倒把、反鋪張浪費。但實際上是借助這些名義，對造反派進行全面整肅。一些地方還槍殺了一些造反派，比如河南有個新的「信陽事件」，槍斃了好多個造反派。1971年一些省的軍管會已準備好要殺一大批造反派骨幹，只是因為林彪集團垮台才沒有得逞。

　　1973年各地林彪死黨被打了下去，1974年「批林批孔」時，各

個單位都去監獄裡把自己的造反派骨幹、頭頭救出來（稱作「打開監獄找左派」）。1975年鄧小平搞整頓，又抓了一些突出的造反派，像鄭州的張永和等。當然，更多是調離，甚至調離到外地去，使你失去群眾基礎。再一個就是辦學習班，比如鄭州辦了萬人學習班，把我們都關到學習班裡面。

張寧（以下簡稱「張」）：關了多長時間？

袁：1975年的夏天到冬天吧！但1975年底，中央從清華、北大開始反擊右傾翻案風，我們就從學習班直接殺出來了。到1976年的2、3月份，我們把以劉建勳為首的河南省委給衝垮了。後來發生了清明節事件，即清明節前後所謂的「**四五運動**」，主要是高幹子女搞的，鄧小平、葉劍英直接參與。在河南，以肉聯為代表的我們這一部分人，反對四五運動的陰謀。網上也有我一篇文章，叫做〈鄭州市的清明節事件〉。

張：您認為「四五運動」是一場由高幹子弟發起的、脫離民意的運動？

袁：本質上是貴族子女的造反。

我們反擊派又起來後，在鄭州形成了幾個大的山頭。大致分成兩派：一派是保紀登奎、劉建勳的，叫「紅綠派」，因為他們貼的標語都是紅紅綠綠的；另一派就是「反擊派」。1976年9月1日，我們到中央去反映楊貴的問題。3日，中央決定楊貴不再到河南工作。在北京彙報期間，中央通過清華、北大和其他管道，徵求了我們對河南新省委班子的意見。我當時的意見是讓耿其昌擔任一把手，因為耿其昌很老實，1958年毛主席來河南就願意聽他講實話。後來，這就成為我所謂「妄圖篡奪省委領導權」的證據！

毛主席去世後，10月7日我到達北京，兩天後才知道所謂的「粉碎四人幫」已經發生。後來我在蘭州被捕，又被押送回鄭州，在看

守所裡待了三年多。當時，在河南要動殺戒的話，第一個殺的大概就是我。

陳：後來被判了幾年？

袁：以「妄圖篡奪省委領導權」的罪名，判了我十五年。我的判決書乾乾淨淨，沒有任何刑事罪名，全都是什麼反黨、反人民、反社會主義、顛覆無產階級專政的反革命罪行。

二、獄裡獄外

袁：在監獄，我保持了自己的尊嚴，從來不剃一天光頭，也從來不穿一天囚服。我有篇文章叫做〈我們不要一個員警世界〉，在後記裡，有一段是關於我的監獄生活。

陳：監獄裡有書可看嗎？

袁：在監獄裡，我曾經關了兩年多小號。我沒有出賣幹警或任何人，因此留給大家比較好的印象，加之我給他們做工作，讓監獄同意我經手給犯人訂了幾百種雜誌。我也把家裡給我的錢，讓一些幹警經常去替我買書。1980十年代各個時期有名的書，我買了不少，主要是翻譯的理論著作。

陳：小號是關禁閉？

袁：對，就是關禁閉，很殘酷的。潮濕的糞水，媽的，我全身都起疙瘩。帶著鐐銬，沒有燈也沒有窗。我在小號裡曾死去過。

陳：有沒有刑求、虐待？

袁：沒有打。因為我是政治犯，他們一般不敢輕易動手。當時監獄和看守所還受毛澤東時代政策的約束，沒有像今天這樣的各種極其殘酷的肉刑和牢頭獄霸。

張：六四的時候，您已經出獄了？不是只有認罪才能減刑嗎？

　　袁：1989年六四前，我天天上街，跟著遊行隊伍走。我從來沒有認過罪！甚至從來不用監獄規定的那些用語，什麼「政府」、「幹部」，也從不自稱「犯人」。我幾十年來養成一個習慣——從不用官方主導話語。提前出獄是因為一些獄中幹警為我說話，我不會忘記在監獄生活中他們對我的照顧。

　　1989年6月26日，我到木材公司，後來當了法人代表。在這個單位，我重新開始實驗我在監獄裡搞過的民主管理。本來監獄裡的犯人各種亂七八糟的事都有；但是在我的小組，大家和睦相處、民主參與，囚室裡有兩個大書架並訂有幾十種報刊。我到了木材公司以後，搞了十二個民主管理組，取消一切規章制度，讓全單位的所有人都來當頭，共同來管理。包括經濟效益，也都很成功。但後來，上級把我們單位和別的單位一合併，這個實驗就進行不下去了。

　　在經濟最熱的1992-93年，我帶成百上千萬的資金到東北做買賣。那種來往招待，我無法適應，天天想到個「死」字。1995年以後，終於有所改變，因為當時國家要「民進國退」。我看到這個趨勢，就動員單位的職工分流出去，搞個小商店什麼的。等到好不容易把職工都動員出去以後，我也解放了。就和您也認識的邵晟東，一「左」一「右」，搞了一個知識分子沙龍。

　　陳：鄭州思想沙龍從哪年開始？起初的情況和現在相比是如何？

　　袁：1995上半年開始的。剛開始體制內的參與者多一些，比如河南省社會科學院當時有好多人參加。頭幾年，我們每個禮拜六下午三點聚會，開始吵架、爭論中國的前途，一直到天明。這個沙龍也經歷了幾次危機，它能堅持下來與王宏川女士有很大的關係，尤其是這些年來，很多工作都是她承擔的。

　　陳：沙龍以外，您還參與哪些社會活動？

　　袁：1990年代後期，我在鄭州幾個學校講學。2000年以後，也到北大、清華、北航、復旦這些學校，去給進步的學生團體講解新中國的歷史和國際政治。這幾年就更多了，有近百所大學吧！2001年夏秋，在沙龍的提議、支持和配合下，我以個人名義邀請了大陸的自由主義、左派、新儒家、民族主義、新權威主義等思潮的一些代表人物，分兩批到北戴河對話交流，也是我主持的。這是他們在民間第一次坐在一起。

　　2000年6月12日，鄭州發生了國際上著名的造紙廠工人抗爭。2001年9月9日，全國第一個在公共場合紀念毛主席的群眾聚會，也是在鄭州開始的。官方出動上萬員警，幾層包圍，全部荷槍實彈。這幾年各地的情況更活躍一些了，而且是左翼占主流。主要是群眾自發集會紀念毛主席，近幾年已遍及大陸三十個省、直轄市、自治區的幾百個地方，有的集會規模達成千上萬人。

　　張：您所謂的左翼是指毛左？

　　袁：在大陸，毛派已成為左派的主體。幾年前外地左派進京，在京的年輕左派會問他是「毛左」還是「馬左」。但現在就不一樣了，大家一聚在一起，不管老少都自稱「咱們毛派」！像「凱迪」這些主要的右派大網站，也基本把左派統稱為「毛左」、「毛派」。可以說，大陸左派以此趨於統一，儘管「毛派」內部在理論和政治主張上有很大差異。不自稱「毛派」的大陸左派群體，首先是以汪暉、崔之元為代表的學術領域內的「新左翼」；但是，無論他們自己的思想或者他們吸取的主要理論資源（如西方馬克思主義）也都受毛主席思想很大的影響。

　　陳：能否談談您對「改革開放」的看法？此外，我注意到，當您提到「右派」時，有時狹義有時廣義。或者是指太子黨和官僚資產階級，或者也包括廣義的自由派。

　　袁：「太子黨」和官僚資產階級是當代中國最右的政治力量，我們稱之為大右派。「太子黨」應該是指一部分有政治野心的，以高幹子女為主的群體，絕不是指所有「紅二代」。去年在北京有個論壇，談到中國有兩種資產階級，一種是*官僚資產階級*，另一種是*自由資產階級*。我們一些人認為：按照毛主席的鬥爭策略，只能選擇一個主要矛盾，那就是官僚資產階級。但是中國社科院的馬克思主義學院，卻主張把自由資產階級當成主要矛盾，所以吵翻了。

　　關於「開放」。其實，當年在文革的全球性衝擊下，大批西方國家和中國建立了外交關係。新中國進入聯合國後，就開始了一條切實維護自己國家利益的對外開放路線。但是到了鄧小平，情況又不同了。

　　1980年代我在獄中看到《文摘報》的文章中說，英美官方談中國「開放」，其英文用的仍是和晚清打交道時用的「門戶開放」一詞。作者認為這樣對我國在國際的影響不好，希望有關方面解決一下，結果至今也沒有改變。對於鄧上台以後這幾十年的「開放」，幾乎所有左翼都是一致否定的。事物都有兩面性，應該說，很多家庭也在「開放」中受益；但最大的受益群體是官僚資產階級以及他們的家族和附庸，也為他們幾乎肆無忌憚的貪污開闢了一條寬暢的退路。其最大的受害者是整個國家和民族。

　　關於「改革」，我就談一點感受吧。改革開放開始時，我在監獄裡面，從報紙上看到一些特別敏感的東西。比如說，1980年代初河南有個戲劇《七品芝麻官》，裡面有句戲詞是：「當官不為民作主，不如回家賣紅薯。」全國都在反覆宣傳這句話。對我來說，這句話極其敏感，因為這說明文革中群眾直接參與政治的權利，被當官的收回了。我在報紙上還看到一個例子：有個人叫劉冰，原來是清華大學的黨委副書記，後來到蘭州大學當副校長；發生了一起學

生鬧事，劉冰說學生反映的問題都是真實的，但是你們身為學生怎麼直接來找我這個副校長？這就釋放出一個強烈的信號：**恢復等級**！

三、對毛主席的評價

張：其實老百姓從來沒有作主過，過去也是由毛主席、共產黨為我們作主，由各級幹部為我們作主。

袁：在文化大革命中，所有老百姓都可以直接參與政治，但現在好像又重新回到文革以前一樣，當官的為我們作主，這就是一個很大的轉折。

陳：關於毛主席以及文革本身，您願意也做些批評嗎？從延安整風開始，到1957年反右，到三面紅旗，到文革，您在肯定毛的革命本色之外，是否也有批評？

袁：有人對我講，就是毛澤東在，也不會喜歡我這個造反派。我承認！但是，要投身中國的革命，還是必須跟他走。我因文革問題四次被捕入獄，每次的第一個罪名都是「**惡毒攻擊偉大領袖毛主席**」。除了整我的人強加給我的東西以外，我當時也確實說過一些不符合毛主席思想的話（恐怕這也是我與大陸今天一些主要反毛人物的區別，他們文革當年崇毛的調子要比我高得多）。我在監獄中也對文革做過全面回顧和反思，幾十年的反覆思考使我更認識到：毛主席在人類社會進步中的巨大作用，主要體現在文化大革命上。即放手讓六、七億人口中的絕大多數（95%以上）直接地、全面地行使廣泛的民主權利，而不是僅僅為國家和地區選幾個作主的人。應該說，在公司、工廠這些與自己切身利益息息相關的單位中的個人尊嚴和民主，比當總統、州長的選民更重要！這是人類歷史上僅

有的一次最輝煌的「實驗」和探索，其中難免有錯誤和挫折，不會有人說它是完美的。

關於延安整風，我沒有專門研究過。高華的《紅太陽是怎樣升起的》一書我看過，總覺得他存在太強的主導性，過於牽強附會，這是熟悉黨史的人都會有的感覺。至於審幹中確實會存在的問題，只要看一下劉少奇、彭真、康生、羅瑞卿、周揚等人解放後整人的作風就可以想像得到。我們恐怕還要考慮當時四面受敵和從國統區新來的大量複雜成分（國民黨的女特務甚至混到共產黨中央最嚴厲的保衛工作負責人的床上）這些嚴峻因素。試想一下，還有沒有其他人在這樣的條件下，比毛主席領導得更好？我們還可以比較一下在這前後，蔣介石身邊經常搞的「整肅」，1930年代史達林的「清洗」，以及美國1950年代初的「麥卡錫主義」。我認為，無論如何，延安整風主要是完成了在戰爭年代裡共產黨思想政治上的高度統一，而這為不久後的全國內戰的迅速結束提供了有利條件，從而使中國人民減小了代價。同時，人們熱議的延安整風的「非蘇俄化」，不是也有利於共產黨接管政權後的國家獨立性嗎？

1957年的反右比較複雜。有羅隆基這些人自身從來就不懂政治的問題，也有掌權後的整個共產黨的集團意志和毛主席等人的較量。對上層右派民主權利的剝奪，在當時的中國政治中亦屬正常；其後，他們的生活待遇一直很高。應當同情的是，由於中央書記處的「擴大化」錯誤，造成下層幾十萬所謂「右派」的悲慘遭遇。後幾十萬人大多是從左的立場給各地各部門各單位的官僚主義提了點意見，相同於文革中的造反派。我父親那輩人晚年回顧說：「1957年，毛澤東就想用知識分子搞文化大革命啊！」2007年反右五十周年，一些當年右派的親屬在全國搞簽名時，一些自由派的著名人物不予支持，說簽名的人當年是左派。我在全國各地遇到過不少人，

當年被打成右派，今天卻是相當積極的毛派。

所謂「三面紅旗」的問題，其中的「總路線」非議不多，現在官調還在用「又好又快」，暫且不談。「大躍進」當中的餓死人問題，則是大陸近幾十年來最熱議的問題。我認為，第一，餓死人不等於大躍進。新中國大多數的經濟門類、工業基礎都是大躍進奠立的；沒有大躍進，新中國的經濟發展至少要滯後十年、二十年，儘管其中發生的「浮誇風」造成的代價也是巨大的。更重要的是億萬勞動人民在大躍進中的思想大解放，整個民族展現了幾千年來從沒有過的高昂精神面貌。

第二，1960年前後確實發生了大面積嚴重的餓死人現象，但也要客觀地、歷史地看。如果餓死的有幾千萬，屍骨在哪？按當時的中國人口和家庭多子女結構，應該給絕大多數家庭留下深刻的記憶，但現實是幾十年來只有少數文人和搞政治的人在熱議此事。而且，他們也只議此事。1940年代幾次餓死人的嚴重現象，1929-31年中國人口淨減5,100萬，司徒雷登指責中華民國餓死了兩億人，這些統統不議。更不議1960年前後餓死人後，至今再沒有發生大面積的餓死人問題——因為毛時代建了八萬多座水庫和農村的合作醫療制度。

第三，1960年前後的餓死人事件的首要責任，是以毛主席為首的黨中央。用鄧小平的話說：當時我們的頭都熱了。毛主席為此承擔了責任，但是，在第一線主持工作、直接推動「浮誇風」的劉少奇等人反而耍了滑頭。熱議此事的文人也為他們洗脫責任，只把矛頭對準毛主席一個人。至於「廬山會議」中彭德懷的問題，熟悉那段歷史的人都知道，是蘇聯煽動的一場裡應外合的未遂政變。對於大躍進中的饑荒問題，我在幾十個市縣搞過大量的調查，不僅僅是查當地的地方志、人口志、氣象志、防疫志，還和美國賓夕法尼亞

大學一學者直接到「信陽事件」的農村調查，應該說是有點發言權的。2008年是大躍進五十周年，我連續在浙大、復旦、山大、南開等高校爲此做過專門講座，網上有相關資料。

　　關於「人民公社」，我只想說我贊成它的方向。如果沒有這個體制，像水利這些對中國農業特別重要的問題（大陸是三分之二的乾旱半乾旱地區，歷史上經常發生的大面積餓死人，大都是旱災所致）都難以解決。我更看到了人民公社所取得的了不起的農村改造和進步。但是，我反對它的官僚化。

　　陳：文革的精神是造反有理，但實情難道不是「奉旨造反」才有理？

　　袁：據我和很多當年造反派領袖的廣泛交流後，才知道確實有「奉旨造反」的；例如在浙江、陝西等地，有些造反派領袖是周恩來給他們打過招呼的。但就全國文革運動來說，這只是少數現象。毛主席在文革初期給江青的信中說，文化大革命只是一次認真的演習，他是當然的「導演」，文革中強調「緊跟毛主席的戰略部署」、「牢牢掌握鬥爭的大方向」就是這個道理。但是，毛主席在文革中的很多提法和部署，又都是來自各地造反群眾的發明創造。用網上老田的話說，毛主席是最大的「抄襲」者。

　　陳：在您的敘事中，造反派起來造反、反擊是合理的，是在行使所謂的大民主權利。但文革中有很多人冤死，其中一部分是被造反派整死的。那麼，文革中的革命暴力與反革命暴力，跟文革的基本性質難道沒有關係？今天，有些所謂的左派說：文革中泛政治化的群眾運動與敵我鬥爭是好東西，但暴力則可以避免。這種說法是對文革的正確詮釋嗎？

　　袁：恐怕任何革命都包含暴力，只是形式、隱顯、程度、代價有些不同。英國、法國的大革命其「革命暴力與反革命暴力」的問

題更殘酷！文革是高度集中、疾風暴雨式的階級鬥爭,用中央一位「老革命」的話說:他們要我們的權,我們要他們的命！如此,又怎能避開暴力？包括自由派,現在很多研究文革的文章都已經指出:幾十年來很多宣傳造反派的暴力和罪惡都是顛倒事實的！例如,比較集中的**文革初期那一段,主要是高幹子女在「破四舊」中大搞「血統論」草菅人命**。那時,還沒有造反派。正是在這以後批判了血統論,造反派才衝殺出來。

應當承認,造反派在批鬥當權派時,也程度不同地使用暴力。這當然不對,但也難免。我們在大量的「傷痕文學」及影視作品中到處看到當權派坐牢,而實際上他們坐牢的恐怕只有造反派坐牢人數的萬分之幾。他們被千萬次地炒作宣傳,而被殘酷鎮壓的千百萬造反派卻被有意忽視,而且前者的暴行又栽在後者頭上——這就是大多數後人所（錯誤）認知的文化大革命。

四、左派與右派的區別

張:在我印象裡,您對胡耀邦是比較沒有好感的。

袁:我對胡耀邦有好感的一面,就是平民這一面,沒有架子。沒有好感的就是,胡耀邦說話不負責任,全國都知道他外號叫「胡大砲」。比如當時關了成百萬的造反派,胡耀邦、趙紫陽卻對外國記者說:「可以負責任地告訴你們,中國沒有關押一個政治犯。」

陳:1992年鄧小平南巡以後的這一波發展,您如何定位？有些學界左派說,胡溫新政比江時代好很多；說中共有調適能力,比西方政黨都要好,因為那些政黨都官僚化、國家化了,只有中共貼近人民；說現在的中國特色民主,比起「西方式民主」要民主得多,等等。您同意這些「左派」觀點嗎？您的分析是什麼？

　　袁：大陸早有這樣一種說法：鄧小平說要搞一段資本主義，是薄一波不讓公開這句話。這幾十年來我們強調的「效率優先」，在世界上是通用的「右」的標準。毛主席說，如果我們這個黨變質的話，會是個法西斯黨，還不如資產階級政黨。

　　要定位「左」，首先要給「右」定位。毛主席有句話：搞社會主義不知道資產階級在哪裡？就在共產黨內！就是黨內的資產階級，黨內走資派！毛主席1963年使用「**官僚主義者階級**」這個詞，和德熱拉斯的《新階級》有相同的地方。這五十多年來，「官僚主義者階級」始終是中國最主要的右翼集團。

　　陳：照這種定義，幾乎所有後發國的社會主義革命，在奪權後都發生了類似情況，都出現了官僚統治集團。包括蘇聯、東歐、古巴、越南、中國大陸、北韓等，幾乎沒有例外。可是這種官僚機器，一般會說它還是左派，是左派的官僚國家機器。

　　袁：您說的也不錯。我也認為至今為止，全世界沒有一個國家真正建成過社會主義。毛主席時代搞的是社會主義革命和建設，而他一再強調，這將是一段相當長的歷史時期。在我的文章〈我們不要一個員警世界〉裡面，我也談過：人們曾經期望用政黨政治來改造國家官僚機器，但事與願違的是，20世紀以後，凡是執政的政黨都盡量去適應官僚機器。結果，各個政黨都官僚化了，都變質了，其群眾性、民主性都逐漸失去。所以，20世紀應該稱為官僚政治的世紀，包括蘇聯和中國。

　　張：就是說，通通都是右翼？

　　袁：官僚化一般就是右翼化，尤其是對原來的左翼來說。我在俄羅斯科學院回答其學者提問時說：從江、胡以來，中國已經進入了常人政治時代；更重要的是，我們也進入了一個成熟的官僚政治時代。不管是西方的總統，或是中國的國家主席、總理，都不是主

宰者——官僚集團才是真正的主宰者。但中國和西方不同的是：西方的權力集團和利益集團需要在國會外進行交易，然後按照一定的程序，來完成他們所交易的東西。**中國的權力集團和利益集團已經高度一體化，在這樣一個龐大的集團面前，國家主席、國務院總理個人所起的作用是微乎其微的。**

陳：您怎麼看官僚主義與資本主義的關係？資本主義有許多種，當前中國特色官僚資本主義顯然有其特殊性？

袁：古今中外，官僚主義都是頑症，資本主義更強化了官僚主義。就是當年毛主席那樣的威信魄力，在共產黨這個官僚集團面前也常常顯得無奈。在「四清」搞不下去後，實在沒有辦法，所以他說：「只有自下而上的發動群眾，全面揭露我們的陰暗面！」這就是搞了文化大革命！除了支持國家統一的最基本條件（中央的最高權力和軍隊主體）外，把共產黨的官僚集團砸了個稀巴爛，天也沒塌下來！西方的官僚主義所受到的制約也是幾百年來民眾鬥爭取得的，只是其民眾參與的廣泛性、對官僚主義進行鬥爭的徹底性，遠不如中國的文化大革命。官僚主義唯一的致命敵人，就是最廣泛的民眾組織的鬥爭。

陳：在形式民主或程序民主問題上，您說它是必要的。但在我印象中，願意肯定形式民主的必要性的大陸左派，幾乎鳳毛麟角。今天大陸所謂的左派，不管是老左、新左還是毛左，幾乎都不承認這一點。而承認這一點、但和您一樣認為形式民主有所不足的人，一般都還是被歸為右派。換句話說，您屬於極少數的例外。您承認形式民主有其必要，但因為您強烈肯定毛主席和文革，所以仍被視為左派。換成別人，誰要是說形式民主有必要性，很可能會被扣上漢奸、西奴的大高帽。情況不是如此嗎？

袁：首先，左右派的區別就在於對現有的利益格局和秩序的根

本態度，維護它的就不是左派。我不反對形式民主、選舉民主，但我認為還不夠，必須有大民主來補充不足。我和顧准的女兒最近在昆明討論：為什麼顧准在1974年提古希臘城邦民主？顧准認為，文革中的中國是世界的革命中心；也正是文化大革命，使中斷了兩千多年的希臘民主得以重新繼續。不過，當時希臘居民有公民權的不超過20%，但是在中國的文化大革命中，95%的人直接行使民主的權利。西方的程序民主，我贊成用熊彼得或者邱吉爾的話來說：它是最不壞的東西，這是指在沒有一種更好的民主制度的情況下。而即使有了更好的、更實質的民主，程序民主也是必要的。但是，程序民主又是不夠的。所以我在〈我們不要一個員警世界〉裡提出：就今天的條件和已有的經驗來說，把古希臘民主精神、程序民主、以及文革中的大民主結合起來，應該是一種比較好的民主方式。

您說的「大多數」左派，是學界看到的少數幾個文人而已。我想，他們不會自稱「毛派」，他們在大陸的民眾社會中也基本沒有影響。我的「民主觀」和大多數底層毛派是相通的。

對自由派也被稱為「右」的問題，我覺得是相比較而存在的。中國新左派和自由派在上世紀末大論戰的時候，美國媒體介紹說何清漣是中國新左派的代表人物，因為她批評政府和主流。大陸一些左派代表人物也認為她還有王力雄，應該算是左派。儘管反毛，但他們批判現在的權貴，他們甚至比左派起的作用都大。但是，對於中國未來的走向，他們主張走英美道路；而英美道路在世界利益的格局中，代表了「右」的東西。

陳：您認為，今天中國存在「左翼自由主義」、「自由主義左派」、「社會民主派」這些範疇嗎？

袁：有自由主義的左翼，那就是您說的「自由主義左派」嗎？用毛主席的話：除了沙漠，凡有人群的地方都有左中右。

　　我也想談一點大陸自由派的問題。在1980年代的大陸知識界，基本是自由主義一統天下。1990年代在有意炒作的南巡經濟熱、李澤厚的「告別革命」、王蒙的「躲避崇高」的推動下，知識界發生了分化。然後是新左派和自由主義的大論戰，正式分裂出一支「新左翼」隊伍。現在，在美國新保守主義的強烈影響下，相當一部分自由派的中堅人物正在紛紛投向保守主義，以保持和當前歐美主流政治思潮的一致，並向曾是自己打倒的「孔家店」頂禮膜拜。也就是說，大陸自由派正在經歷最大的一次分裂。同時，我們回顧這三十多年大陸自由派主導的「民主運動」，如果以十年為一段，則呈現遞退和不斷萎縮的趨勢。不禁想起王蒙引用的毛主席的一段話：「秀才造反，三年不成，三十年也不成！一是只說不做，二是互相瞧不起。」我想，自由派是否需要認真總結一下？照老路走下去，再有三十年仍是無所作為。

　　至於「社會民主派」，其概念在今日中國仍是模糊的。從官方到文人，恐怕更多是把它當作工具或過渡。

　　陳：近年來積極為「中國模式」辯護的論者，不少是國家主義左派。按部分學界左派的邏輯，談「政治專制」就是在詆毀中國。套用他們的話：中國特色社會主義民主是全世界最民主的！中國根本不需要跟西方那種早已空洞化的「程序民主」或「選主」發生任何關係！只有自由派西奴，才會真把什麼「程序民主」當回事兒！所以我覺得，您對民主的看法，在左翼內部似乎相當非主流。至於您所謂的「底層毛派」，又真的認為形式民主有其必要，只是有所不足而已嗎？

　　袁：毛澤東時代的主要左翼群體，也就是造反派，這幾十年來在深受了專制的殘酷迫害後，普遍渴望民主。至於大多數有左翼傾向的民眾，只是一時還沒有分清程序民主和我們自己主張的大民主

的不同,以及兩者結合的必要性,但也同樣要求民主。在大陸社會中強烈要求民主的,是毛派及廣泛的底層毛派群眾。大陸民主運動的希望,或者取得民主的主要希望,就在底層毛派的群眾運動。當然,僅僅是他們也完成不了這一歷史使命。

您說的那些所謂「左派」一般都在體制內,較少受到專制的壓迫。自由派中也有這種情況,他們害怕廣大左翼民眾的迫切民主要求,故有意強調他們更重視和民主沒有直接關聯的「自由」,還有的更擔心社會民主運動。但王力雄(《黃禍》和《天葬》的作者)就說:「在中國,唯一能夠凝聚起全社會反抗力量的,不幸的是只有三個字:毛澤東!」蕭功秦(新權威主義的代表人物之一)說:「早早晚晚,各種各樣的社會矛盾都會打著毛澤東的旗號有一場總的爆發!」

陳:在「反右擴大化」的定性問題上,您的看法跟一些左派是不同的。您說,反右擴大化主要是官僚整人、當權派整人。但在今日的國家主義新左、老左之中,有些人並不承認這一點,甚至公開表示反右擴大化完全合理。2007年是反右五十周年,這類為反右擴大化辯護的左派說詞,在網上都找得到。

袁:不!網上和我觀點相同的文章有很多,例如最早在大陸網上發表的李憲源文章〈對57年右派和造反派的共同審視〉。

陳:在您看來,改革開放後,中國是否也有些「進步」之處?比如說,「成分論」取消了,這算是一樁改善嗎?的確,現在貧富差距與社會不公正很嚴重、極嚴重,但是經濟生活的改善是否仍有意義?一黨專政還在,但「專政機關」的作為是否全無改進?我猜想,您不會說前三十年都是完美的;也應該不會說改革開放全是官僚資本主義復辟,全然是倒退?以上提問涉及很真實的問題,我想知道您比較全面的意見。

袁：1966年秋，造反派就是在毛主席、江青的支持下衝破「血統論」才起來的。文革中通過相應的中央文件（例如中共中央1972年45號文件第7條規定，和國務院1973年貫徹45號文件的相關文件），用法規肯定了這一造反的成果。也就是說，「成分論」這些問題都是毛主席在時解決的。至於專政機關的問題，今天不是有所改進，而是相當糟糕。應該說，毛主席在文革中大範圍實踐的大砍監獄、大放犯人回家、讓群眾專政的司法改革，是世界上最好的一條經驗。至於經濟生活，就是消費，這些年的確是提高較快，但後遺症更嚴重。

改革開放前的三十年，也分三個階段：文革前十七年、文革十年、政變後的三年。正因為前十七年的問題嚴重，才有文革如此大的革命。1960年代初，毛主席就意識到了這些問題。他說各單位的黨委書記搞獨立王國；工會、婦聯、共青團都是御用組織；各級人大代表根本就不代表人民群眾（參考王力的《文革反思錄》）。

1976年10月政變後的三年，是要恢復到前十七年。準確地說，前三十年是面向社會主義的反覆鬥爭史。

五、四種社會保障

陳：接下來想請您談談您的「234」主張。「2」是指形式民主與大民主的結合；「3」是要求停止對文革造反派、六四分子、法輪功這三種人的政治迫害；「4」是說醫療、教育、住房、養老這四種社會保障必須實現。其中「3」和「4」比較容易懂，「2」還又牽扯到文革。

袁：那就倒過來吧！「4」就是四種社會保障：看病、上學、住房、養老。在改革開放前，社會保障一定程度上是做得比較好的。

當時，儘管中國的醫療水準還不高，但應該不存在看不起病和見死不救的問題。世界衛生組織、世界銀行把那個時代中國的醫療，稱為所有發展中國家的楷模。包括右派，在這個問題上的反駁都是無力的。我們的大學曾經是免費的；在文革期間，中小學基本做到免費，只寥寥幾個錢。當時如果要結婚，不光是你自己考慮安家的問題，單位都得替你考慮，哪怕是十幾平方米，哪怕要排隊，單位有為你解決住房的義務。

儘管當時物質條件還比較落後，但城市裡的養老、退休，包括農村裡的五保戶，應該說已經起到了社會保障的作用。並且，是一直朝這個方向發展。

陳：三座大山（醫療、教育、住房）及養老的問題，是今天許多人關切的。您說中國需要完善的社會保障，我個人非常同意。但您堅持完全的國有制嗎？或主張恢復單位責任制？像是醫療體系，世界各國就有很多不同模式。養老及退休年金，也有種種不同的做法。我主要是想問您：毛時代的具體辦法，今日還行得通嗎？在當前的現實條件下落實社會保障，您覺得該怎麼做比較好？在您的構想中，國家的角色除了統籌、調節外，還必須直接提供服務嗎？要全盤取消市場機制嗎？

袁：關於社會保障，毛時代的許多有益經驗至今看來仍是行之有效的。至少在醫療、教育上要「全盤取消市場機制」，住房、養老在國家保證的前提下可以有市場的補充作用。

我們今天搞的醫療保險是美國的制度。美國不好的那套，和中國很壞的官僚體制結合在一起，又進入市場，因此搞出了全世界最糟的東西！社會上甚至稱醫院為「屠場」。世界衛生組織公布的醫療衛生公正程度，中國排在全世界191個國家中的倒數第四位！我們很多報紙自己都登了。在醫療問題上，我們絕不能走美國那條效率

最不好、也最不公正的道路。醫療關係到人們生存權利的問題，人都要生病，生病之後，這個國家、這個社會能不能保護你？連動物都要保護，人能不保護？在這個問題上，如果說外國的經驗可以借鑑，我覺得作為一個轉折，可以先採取印度的雙軌制。

最終，如果要解決中國的問題，就整體來說，還是要走社會主義的道路。為什麼呢？中國應該說是一個資源有限的國家，又不具備對外擴張的特點或力量。在這種情況下，只能以公平合理的分配為主，再以其他的擴大資源為輔。

陳：社會主義有許多種，包括所謂的市場社會主義。在西方，談「公平合理的分配」較多的，是社會民主主義者、左翼自由主義者等，但他們所主張的「混合經濟」不全盤反對市場機制，而主要是反對「強者越強，弱者越弱」的自由放任。所以我還想問：您有多反對市場機制？多強調計畫經濟的必要？

袁：我想，涉及到一些能夠發揮個體積極性的地方，還是應該發揮個體積極性。但涉及到國計民生一些重大問題時，就不能交給個人。比如醫療問題，因為涉及到人的生命，絕不能交給市場。

在監獄裡，我看過奧地利的克萊斯基、瑞典的帕爾梅、德國的勃蘭特當時的討論文集，其中有些東西是可以給人啟發的。像德國的「參與式社會主義」就具有我們「鞍鋼憲法」的特徵。當然還有其他各國的經驗，包括以色列的，我覺得都可以汲取或參照。但我認為到今天為止，真正的計畫經濟沒有任何一個國家搞過。

陳：您主張自下而上的「民主計畫經濟」？

袁：對！我曾經這樣說過：過去以蘇聯為首的社會主義國家，包括中國1958年以前搞的那套，應該叫做「指令型經濟」而不是計畫經濟。用我的話來說，所謂的計畫經濟，最重要、最關鍵的是民主性，第二才是科學性。

陳：您的基本立場似乎是：社會或經濟基本權利（指醫療、住房、教育、養老）必須得到保障，而這得由政府來擔保。但在具體的機制或制度問題上，您還保持一些彈性。雖然您對自下而上的民主計畫經濟有所憧憬，但那畢竟是您相對遙遠的左派理想、未來目標。

袁：對！國家就應該承擔起每個人應該有的基本社會保障。

六、三種人的平反

陳：我們轉到「3」，就是三種人的平反。

袁：「3」的要求很簡單，就是停止對三種人的政治迫害：一個是文革中的造反派，一個是六四分子，一個是法輪功人員。這三種是完全不同的意識型態，為什麼我特別提這三種呢？因為這三種是制度性的政治迫害。直到今天，很多單位在入黨、提幹的事情上，都還要先審查當事人的親屬中有沒有這三種人。

對這「三種人」的後二種人的迫害，海外已有很多宣傳；但恰巧忽視了第一種人，也就是造反派這個最大的受迫害群體。一個當時人口只有2,300萬的雲南省，對造反派的判刑達五萬人之多，而現任省委書記在地方志上寫的是判了二十多人。在浙江，1970年代末僅在看守所等關押場所，整死的就有兩千人。江西一個撫州市就槍斃了二十多個造反派；福建泉州一個公社（鄉）就槍斃了四個造反派；浙江造反派領袖張永生、翁森鶴被判無期徒刑，已服刑三十多年（在中國判無期徒刑，實際執行一般不超過十五年）。這些人中絕大部分都沒有刑事犯罪，是對群眾做過很多好事的人。在清查造反派中被牽連、「被批鬥」關進學習班（變相監禁）的，很多省都有幾百萬人之多；至今，幾十年過去了，他們中的很多人生活還極

其淒慘。

陳：您說要平反這三種人，是否意味主張最大程度的政治自由權利，以及最大程度的言論自由權利？

袁：對！但我不會說這些是自由主義的主張。我認為人的基本政治權利，從言論自由到結社自由，到出版自由，到遊行示威的自由，都必須得到保障。

陳：但您的一些左派朋友可能會說：這些都是西方式的自由權利，是西方價值而不是中國價值。照其邏輯，主張這些「西方式」權利或價值的人，幾乎就是漢奸了。

袁：毛主席也講過這些基本權利，甚至多次講到結社、集會的權利。文革大民主時的結社不需要向任何部門登記，你自己發表個宣言就算登記了！文革時期1975年的憲法，還又加上了兩項權利：一個是大民主的權利，一個是罷工的權利。這是1950年代憲法所沒有的東西，在文革中加上了。但在文革結束後，1982年就把這些又取消了。這些最基本的政治權利，我認為是共同的社會進步所帶來的東西，理所當然應該受到保障。所謂「漢奸」，在外國軍隊沒有進入之前，能當漢奸的就只有那些有權力能出賣國家利益的。

陳：您怎麼看〈零八憲章〉要求保障基本權利的那一部分？

袁：我不贊成〈零八憲章〉的主要觀點，它的反毛觀是包括我在內的大多數中國人所反對的。但我認為他們有表達己見的權利，更反對當局對劉曉波的鎮壓。

言論、結社、集會、遊行、出版這些基本的自由，是全世界進步人民幾百年來的鬥爭所取得的東西。政治自由主義者反毛，經濟自由主義者尤其是官僚更反毛，都是徒勞的。官僚最恨毛主席，又不得不勉強打著毛的旗號。因為，現代政權的合法性無非是兩個：民選和革命，而他們唯一的合法性就是對毛主席革命成果的承繼。

一些自由派天真地等待毛澤東在中共檔案解密後徹底完蛋；而三十多年來，官方半官方爲妖魔化毛澤東做了多大的努力，但收到的效果卻是民間一波更高一波的「毛主席熱」。現實社會的黑暗和記憶中的毛時代的強烈對比，要比千萬篇文章的作用大一萬倍。

七、兩種民主的結合

　　陳：我們轉到「2」吧，就是形式民主和大民主的結合。如果保障了政治自由權利，多個政黨、針鋒相對的不同政見就會出現。那麼，從您的角度來看，競爭性的政黨政治是必要的嗎？此外，您所謂的「大民主」指的是哪些民主形式？又如何去補程序民主、政黨政治、定期選舉之不足？

　　袁：我不反對「競爭性的政黨政治」，但認爲還應該要有更廣泛、更活躍的社團政治。我前面談過，我主張的是古希臘民主精神、西方的程序民主和中國的大民主的結合。我認爲在目前情況下，就已知的政治經驗來說，這是最好的一種民主方式。單一的程序民主有兩大問題：一個是它限制了更多的東西；另一個是金錢的作用。在單一的程序民主制度下，人民的政治參與就只是選舉；在選舉以外的時期，能夠表達意見的空間就小了，不能全過程地參與，不能全民參與，不能政治作主。而後者正是大民主的優勢，所以我主張要結合形式民主和大民主。

　　陳：金權政治在美國特別嚴重，所以不少美國自由派希望採取北歐的公費選舉制度，並對政治獻金進行更嚴格的規範。但關於美國，也不能只看到選舉政治；各種社會運動、草根民主運動，其實相當活躍。

　　袁：我不否認您說的這些。我也認爲歐洲國家的選舉政治比美

國好。在同樣一種政治、同樣一條路線的情況下，我認為多黨比一黨好，多派比一派好。用毛主席的話就是：黨外有黨，黨內有派。黨外無黨，是帝王思想；黨內無派，是千奇百怪。中共9大就是一個多派系的局面。右派攻擊最多的就是9大，但恰恰9大是中共前後十幾次黨代會裡面最具有西方那種民主東西的，在會裡批判、交鋒、串聯、拉選票的都有。毛主席鼓勵這種東西，而鄧小平恰恰相反，要求全黨全國必須和中央在政治上保持一致——這是改革開放以來黨的最重要紀律。

陳：有人說：現在中國就是多黨啊！是共產黨領導下的多黨格局，而這是中國特色社會主義民主的好東西！

袁：民盟一個副主席那次來的時候，說民主政黨都是小妾。我說「你太高抬自己了！」現有這些民主黨派在中國的政治生活中，一點作用都不起！

陳：您說在「同一條路線、同一種政治」的情況下，多黨比一黨好。這是否暗示：要是多黨制產生了不同的政治路線，就不能接受多黨制？

袁：我講，在同一條路線的情況下，多黨比一黨好，多派比一派好。這就是說：*程序民主還是必要的*！但程序民主還不夠，需要拿大民主來補充。

實際上毛主席是贊同多黨多派的，1957年他曾要把《文匯報》和《光明日報》甚至北京大學給民盟、民革。只是他也受制於整個共產黨集團。

陳：「大民主」指的是什麼？如何補程序民主之不足？

袁：「大民主」包括*大鳴、大放、大字報、大辯論*，這些中國人叫做以「四大民主」或「四大自由」為代表的政治民主。此外還有以「鞍鋼憲法」為代表的經濟民主，以「群眾專政」為代表的司

法民主等。文革中還有個口號叫「瞪大眼睛，瞅著中央」和「頭上長角，身上長刺」，就是說每個人都應該具有造反精神。毛主席更提倡「反潮流精神」並把它載入中共10大的文件中。他在文革前就一再鼓勵地方在中央出了修正主義後，要造反打到北京來。毛主席還歷來主張「虛君共和」，這是他從1950年代到文革多次重申的。「虛君」就是中央是虛的，各地方保持自己的政治和經濟文化各方面的獨立性，這就為造中央反準備了條件。上述都是程序民主、政黨政治所沒有的。

　　陳：我比較想問的是「大民主」對當下和未來的意義。您剛才提到兩條：一條是鼓勵大家勇於造反；另一條是動員全民、全民參與。關於這兩條，我想提出一個問題。

　　「瞪大眼睛，瞅著中央」有各種不同的機制，包括輿論媒體的監督，網路上的言論監督，也包括您說的大鳴、大放、大字報、大辯論。但比方說，如果小孩的上學、教育讓我很苦惱，或我家太窮想要改善經濟生活；或如果我對我的單位，不管是公司、工廠還是學校的「民主」問題都不感興趣；那麼，「大民主」會強迫我積極參與嗎？

　　袁：文革最高潮的時刻是1966年秋冬到1968年秋冬，那時在城市裡，幾乎95%以上都捲入狂熱的政治運動，只有百分之幾的「逍遙派」。1969年以後，直接參加政治活動的已經不是大多數人。我只是說人民應該有民主參與、監督政府的權利，但政府或任何人沒有權利去強迫別人參與。這應該是我的觀點。如果不用大字報的方式，用報刊、網路這些東西行不行？當然也可以嘛！但是，小報對政治的影響不大；大報的話，即使有了所謂的「新聞自由」，也還有市場和利益的問題。因此，靠報紙的出版自由是不夠的。在文革中，大字報就是出版自由，這是經濟成本最低的。至於今天的網路，

是更方便、廣泛、便捷，但也更容易被官方權力和資本給控制，還容易分散人民的情緒，所以至今還不是廣大工農群眾方便使用的政治武器。

張：老袁，如果言論自由的權利獲得了實質保障，誰會去禁止大字報？

袁：現在的問題是：中國大陸的民主恐怕是先從牆上大字報開始的，你不能等著他哪一天睡醒了宣布要保障言論自由，對吧？

張：六四的時候大家都在貼大字報，也是從文革學習來的？

袁：您把1966年的報紙拿來看，一模一樣。

張：延安時期就有諸如「輕騎隊」這樣的批評性牆報。我並不否定大字報的歷史作用，尤其在文革時的作用，普及到平民。我只是說，「大民主」和「形式民主」（其實是法定的公民基本權利）在邏輯上不是並列關係，而是種屬關係。而您剛才也說，要以大民主補充形式民主。這是否隱含以形式民主為主，以大民主為輔？

袁：我覺得是兩個的結合。對左派，我就用毛主席的話，說美國的制度中也有好的東西，我們主要反對它的帝國主義政策。我對右派會說六四也好，西單民主牆也好，不是都貼大字報嗎？不從大字報上突破，中國就得不到民主！

我想再回到宜中剛才的問題。我的一個看法是，任何社會群眾都不可能有持續的政治熱情，包括在文革中也是如此，總是有疲勞的時候。就像一切活動一樣，折騰得太久了，就厭惡了，就討厭政治。但你遠離政治，就會使少數人更多地壟斷利益。這種壟斷到了一定程度就得罪大多數人，於是又把大多數人的政治熱情喚醒了。這就是所謂「七、八年來一次」，它是必然的規律。或用毛主席的話說，小官、工農兵總是要革命的。

我的另一個觀點是，21世紀比較理想的政治型態應該是**社團政**

治。社團政治包括政黨政治，但是不限於政黨政治。在西方的程序
民主中，已經形成了政治家族，實際上帶有世襲的特徵。假如能走
向一種比較合理的社團政治，就不會讓少數政客壟斷政治權力。

　　陳：形式民主，不管看西方、看台灣還是看南韓，都有缺陷，
包括政治權力的寡頭化，包括政治議程被壟斷。那麼，要如何因應
這些問題？您似乎是訴諸一種比較理想化的人民性。但除了人民的
積極性或積極的人民性，是否還有一些更具體的制度安排？

　　袁：社團政治跟政黨政治有根本的區別！政黨政治仍然是科層
制的，更多還是金字塔式的，很容易官僚化。而社團政治比較扁平
化，難以官僚化；其缺點是不夠穩定，優點是容易改正錯誤。

　　所謂制度安排，就是政治體制改革。在大陸左翼陣營中，有一
種誤導，好像一提到政治體制改革，就是右派的專利。但難道中國
現有的政治體制是無產階級的？是社會主義的？是維護勞動人民利
益的？去看看《毛澤東傳》，毛主席後半生就是致力於對1950年
代那個體制──也就是現在的上層框架──進行改革，甚至是革命
嗎？！因為1950年代那個體制是新民主主義革命的成果，新民主主
義革命是共產黨領導的資產階級性質的革命，不適應無產階級的繼
續革命。1982年的憲法及其對1950年代體制的恢復，就是要反對毛
主席的文化大革命，並否定「革命委員會」這些革命體制。大陸左
派去維護現有體制，恐怕是政治常識中最可笑的事情。

　　對毛派來說，制度安排當然重要，儘管現在還沒有較為完善的
設計，仍有待於在社會政治運動的實踐中探索。我想，除了大家熟
悉的那些基本人權外，就中國大陸來說，首先要有兩個「四大」作
為基本保證。就是政治上的「四大自由」：大鳴、大放、大字報、
大辯論；經濟上的「四大社會保障」：免費醫療、免費基本教育、
基本居住條件保證、基本養老條件保證。後者不用解釋，大家都明

白，只是一些過分強調效率和某種道德觀的人會有異議。

　　關於政治上那「四大自由」，一般認為只要有了言論、出版、結社、遊行示威等民主權利，四大自由的要求就是多餘的了，因為上述民主權利幾乎各國憲法都有。但實際上，當民眾要行使這些權利時，都受到政治上（包括程序）或經濟上（包括市場）很大的限制。可以說大都是些擺設，實際作用不大。而中國文革中億萬民眾廣泛行使的「四大自由」受經濟政治限制最小，使用上也最方便。今後作為制度安排，可以也應該有一些程序規範，但以基本不影響「四大自由」發揮作用為前提。

　　在管理機構的制度建設上，新中國也有一些重要探索已成為經驗，例如「三結合」體制。在大躍進的群眾運動中誕生，又被毛主席總結並樹立起來的「鞍鋼憲法」，其「兩參一改三結合」就是工人參加管理、幹部參加勞動（兩參），由幹部、技術人員和工人合組管理企業的領導班子（三結合）。文化大革命中的政權機構「革命委員會」，其組成成分也有前後兩個「三結合」。先是軍隊代表、幹部代表、群眾代表的三結合，定性為地方和單位的「臨時權力機構」。後來，1973年左右，軍隊代表退出地方和單位的革委會；革委會的構成改為老幹部、中年幹部、青年新幹部的三結合，是一個漸減的「吐故納新」體制。

　　後兩個「三結合」有三項重要特點。第一，在全面建立了革命委員會後的1970年精簡機構中，一個省革命委員會的工作人員只有幾百人。1970年前後，除了國家的對外職能和軍事體制外，全中國沒有了「部長」、「廳局長」、「處長」、「科長」、「股長」和「省長」、「市長」、「縣長」等稱呼，代替的是「委員」或「組長」，這時的中國是官僚等級意識最少的時代。1970年前後又被稱為經濟建設史上的「小躍進」，工農業生產的發展速度超過1958年

和「改革開放」以來的任何年代。

　　第二，各級革命委員會成立時就被要求有幾派政治力量，這就保留了權力機構內的「反對派」，儘管不同時期角色不同。在中共9大的主席台上，毛主席左邊坐的是當時的主要左派，主要右派力量則坐在他的右邊。我本人在革委會內就經常充當「反對派」角色；我在革委會內「頂」，也可以聯合其他派別爭取在某個問題上的多數，還可以在會外組織群眾施壓，貼大字報，1969年以前我們還有小報。第三，革命委員會中群眾代表占三分之二，他們中只有很少人手中有實權，這使他們較少較慢被權力腐蝕。當然，他們也同樣時時受到群眾的「四大（自由）」的威懾。

　　其次，王洪文任中央副主席、吳桂賢任國務院副總理，其薪水還在其上海、西安的工廠裡領原待遇。除了工作居住等條件還有的一些特權，最多有點臨時性補貼。照吳桂賢的回憶，他連好茶葉都喝不起。各地各級都是如此，用毛主席的話就是「升官不發財」。更重要的是，占三分之二的群眾代表中的大多數，除了有資格參加一些會議外，仍是「老百姓」，只是幹活要多，福利要少。起的作用正是主席說的：「從群眾中來，到群眾中去。」少數參加領導工作的群眾代表則是「三三制」：三分之一在你原來的崗位上；三分之一去搞調查研究；三分之一參加領導工作。對老幹部，也強調了勞動制度的問題。

　　以上這幾點對官僚主義的打擊改造力度是很大的，其民主性很大的優於「代議制民主」即「程序民主」。在司法體制的改革上，則有「群眾專政」的經驗。

　　陳：您所謂的群眾專政，是專誰的政？

　　袁：毛主席把馬克思主義簡單歸結為一句話：造反有理！毛主席的無產階級專政，也可以簡縮成四個字：群眾專政！這不是那種

只會鎮壓別人的東西，說到底就是群眾直接行使國家權力。但這裡面還是有制衡，還是有分權的，這就跟程序民主結合起來了。按左派的觀點：形式民主是對大民主的補充，因爲大民主才是真正行使了民主權利。

在司法上，我們在文革中搞群眾專政時，把維護社會治安的責任交給群眾；抓人、判人的問題，也讓所有群眾討論；判後管理犯人的權力也交給群眾，極少設監獄。文革中，連續六、七年在全國大、中城市都沒有員警。儘管還存在一些問題，但社會犯罪率相當低，民眾的安全感很強。

毛主席還一直有「第二武裝」的思想，就是武裝工人和學生，幹什麼呢？代替常備軍。這是巴黎公社的原則，用武裝的人民代替常備軍。瑞士只保留了少量軍官，大部分武器都在老百姓家裡面。這就是一個全民皆兵的方式，以色列也是全民皆兵。文革中，全民擁有武器，不下幾百萬枝槍在民間，反而沒有出現誰去報復殺人。在整個氣氛比較好的情況下，武器反而是威脅了想壟斷權力的少數人。

陳：在現代社會，一定程度的官僚化大概不可避免。

袁：是不可避免。

陳：即使在所謂的「三結合」體制中，占三分之二的群眾代表通常沒有實權。在我來，這還是一種代表制。有代表，就有代表和被代表者之間關係（包括異化）的問題。因此，您用「群眾專政」一詞（它暗示群眾與國家權力的同一性）可能會產生誤導。

憲政自由主義者一般更強調公民權利的保障，和以憲政機制去規範國家權力、官僚權力、民主權力的行使。這不僅包括對「四大自由」的保障，也還包括不被官僚權力或「群眾專政」傷害的某些「消極自由」的保障。您說自由派太擔心「暴民」，但反過來講，

「群眾專政」一詞可能會嚇跑很多您的潛在支持者。

袁：沒錯，「群眾專政」會嚇壞自由派。所以它不是第一步，它不是轉型民主所要求的東西。它是我這種左派未來追求的目標，而不是今天要做的事情。

陳：您是希望左派接受形式民主，自由派接受大民主？

袁：就是有條件地尊重對方的民主。我對左派講：程序民主是不完整的，那你用大民主補充它，不就是了嗎？我對自由派講：大民主沒有程序，那你讓程序跟它結合起來，不就是了嗎？不尊重對方的話，哪一種民主要求都不可能解決中國的問題。

陳：在您看來，現在大陸的左派和自由派，誰更支持您這個想法？是左派？

袁：大多數毛派群眾和我的認識是相通的，自由派的一些代表人物也能接受。

陳：最後，能否談談您對未來的展望？

袁：對形勢的判斷，必須建立在對形勢的了解。在這方面，官民之間有很大的差距，是相當不對稱的。比如說「群體性事件」，官方公布的數字是：2001年突破了一萬起，2005年是八萬七千起。2006年以後，官方不再公布統計數字了。前不久，辛子陵說2008年有十八萬多起。我們每年在報上可能會看到幾十起，網上最多可以看到上百起。就我們所看到、知道的這些群體性事件中，有個共同的特點，就是民眾不像文革中分成兩派（按：文革時工人農民的多數，是保當權派的「保守派」）。除了地方官員雇傭的黑社會勢力外，在場民眾不管是有關無關，有錢沒錢，全都反官反警。

另一個網上常用的名詞叫「裸體做官」，指相當多的官員把老婆、孩子、財產都轉移到國外去了，或讓老婆、孩子跨著國界做生意以方便隨時轉移。最近，媒體熱議影視界大腕們的「移民風」，

《南方周末》等驚呼出現了企業家「移民潮」。他們都是離開「中國特色」就發不了財的人，所以只能有一種理解：首先是這些權貴對中國的未來失去了信心。

中國人有句老話：「死了張屠夫，不吃混毛豬。」跑的貪官、大腕再多，天不會塌下來！我的左派朋友們：不要以為沒有這些貪官群體，中國就危險了！應該說，正是他們的存在，才使中國越來越危險！只有他們才會裡應外合肢解中國，只有他們才會「引狼入室」！

但是，就連美國也沒有膽量敢淌入中國的「汪洋大海」裡。所以，我也勸自由派的朋友們：不要把希望全寄託在美國這個最實用主義的滑頭身上！這麼大的中國的事，還要靠中國人自己解決！也不要老是擔心什麼「暴民」的，從八九運動到今天這些大規模嚴重的群體性事件中，你們見到過「暴民」燒民房、搶商店、傷害百姓嗎？這是「文明」程度再高的歐美國家的群體性事件（他們叫「騷亂」）中所看不到的現象。一些美國學者曾對我說：在美國，包括在你們台灣，給工人講政治他們都聽不懂；但到了中國大陸，普普通通的工人農民給這些大學教授講「階級」和「階級鬥爭」，講得頭頭是道。哪見過有這樣政治素質的民眾啊！應該說，這就是文化大革命留下的遺產。我想，這也是我對中國前途的信心所在！

公民儒教的進路

────陳明訪談

陳明

湖南長沙人，1962 年出生。

就學於湖南株洲師範中文系、山東大學哲學系、中國社科院研究生院世界宗教系。

92 至 06 年任職中國社科院宗教所儒教室，現職首都師範大學哲學系教授暨儒教文化中心主任。
1994 年起創辦、主編《原道》迄今，致力於儒學、儒教文化之繼往開來，
為當代中國儒學界的代表人物之一，著有《儒學的歷史文化功能》、《儒者之維》、《文化儒學》等。

在此訪談中，他勾勒出 1990 年代以降大陸儒學復興的背景及其不同的發展趨勢；除闡述他個人的主要關懷與思路，
亦對港台新儒家、蔣慶的國教說、文化國族主義、天下主義、自由主義提出批評。

一、到《原道》之路

陳宜中（以下簡稱「問」）：您1980年代在大學裡接觸到哪些思想？

陳明（以下簡稱「陳」）：那時候是文化熱，主要是中西比較，反傳統，跟五四相似。當時我也是反傳統的，認爲傳統妨礙了現代化，是專制幫兇。我念的是中文，迷戀朦朧詩，強調個人情感性，反對文以載道，認爲文學應該以審美作爲最高價值。哲學也是我通過文藝理論才逐漸接觸並喜歡起來的，像沙特的〈存在主義是一種人道主義〉就是在《外國文藝》上讀到的。

碩士我改念了哲學系，但還是比較喜歡文學。那時思想界的活躍人物大都是搞文學或者翻譯的人，比較有激情，對外面的東西也比較了解。我一直很關注李澤厚，進研究班之前還給他寫過信，他也回了。所以劉曉波批李澤厚，我也比較關注。很多同學看了，都跟著劉罵李。我覺得劉曉波很有才，文字也有力量，但思想有點偏激。李澤厚對「傳統」的真實地位和意義有所揭示，觀點較持中，既不是全盤肯定也不是全盤否定。

問：當時，林毓生、余英時的著作也進入了大陸。

陳：是的。貴州人民出版社出了林毓生的書。1986或1987年，北京的《理論訊息報》連載了余英時的〈從價值系統看中國文化的現代意義〉。當時大陸人對「傳統」普遍有一種情緒性的拒斥，甚至把傳統說成是文革的根源。但余英時和林毓生不是這樣。在學校的港台閱覽室，我讀到了牟宗三等新儒家的著作，看到了傳統的光彩，這是我和大陸很多認同儒家的人回歸傳統的指引。

問：在八九之前，您對儒家就已經有了比較多的同情？

陳：當時我對儒家沒有特別的理解，整體上是傾向西化、現代性、自由民主的。當然，我對自由民主現在也還是一樣的態度。

問：主要的轉捩點發生在八九之後？

陳：八九之後。但不只是我們的八九，還包括1991年蘇共的八一九政變（按：政變失敗後蘇聯解體）。它的意義是什麼呢？它使我意識到中西關係不只是簡單的意識型態的關係，不是正義或邪惡的關係。實際上，還有地緣政治的關係。八一九政變失敗後，俄羅斯應該說基本已經轉過去了，從意識型態到政治制度，可是地緣政治的原則並沒有被超越，西方勢力還是把俄羅斯當成敵手。隨著中美關係中一些事件的出現，我感覺這個世界實際是一個帝國，美國是它的中心，而且只會從這樣一個中心和邊緣的結構去定位它與中國的關係。從內部來講，如果從一些抽象價值出發的改革，結果導致的是國家分裂社會動盪，我覺得也是要重新考慮的。我們需要的是穩妥漸進的改進，需要尋找一條適合自己國情、符合自己願望的發展道路。葵花寶典是不能練的。

1989年上博士班以後，我帶著問題去讀儒家的東西，對儒學在歷史中的意義和功能有了更多了解。在這一過程中，最使我激動的是士大夫對生民、道統和天下的承擔。後來我就以這些東西做自己的博士論文。

問：您在1994年創辦並主編《原道》，這本刊物稱得上是1990年代「國學熱」的主要代表。當時，為什麼會想辦《原道》？

陳：辦《原道》真可以說是偶然性和必然性的統一。六四後，一幫朋友覺得大革命失敗了，做學術思想沒什麼空間也沒什麼意義，就做生意賺錢去了。一些做暢銷書的人還真掙了一些，也許因為本色是書生吧，還是不能忘情文化。那幾年我一直在讀書，宗教所有很多命理方面的書，就借給他們剪貼，也算是出過力。他們覺

得我適合辦刊物，我當然也非常願意。當時正好有民間辦同人刊物的風氣，像《中國書評》、《學人》和《原學》啊什麼的，我覺得應該較乾嘉諸老更上一層，就想了個《原道》的名字。他們不贊成我的理念，認爲應該辦《新湘評論》之類的東西。我覺得那沒有可能，他們就撤資，但我早已跟一大批作者約好稿，其中很多是前輩大佬，不刊出來沒法交代。我就聯合劉樂賢等幾個同學朋友咬牙跺腳、砸鍋賣鐵，把《原道》給弄出來了。反應還行，於是就一直走到今天。

問：您怎麼看1990年代的國學熱？

陳：國學熱，記得好像是從北大校園裡慢慢滋生出來的吧？反和平演變，西方的東西被限制，於是就有了什麼尋找毛澤東，然後是回歸傳統。年輕人長身體長智力，總要找點什麼釋放能量滿足需要吧！誤打誤撞假戲真做，再跟社會合上節奏，就有了所謂的自覺。

問：您具體是哪一年公開提出、支持「文化保守主義」？

陳：也不是支持，而是覺得自己一定要找個名字或歸屬的話，應該就是「文化保守主義」。在《原道》第1期或第2期，就有這樣的明確說法了。我的同學朋友中活躍的人多，各種立場的都有，當時既發了很多自由主義的文章，也發了新左派傾向的文章，所以我在〈編後〉裡面講：我們希望某某的自由主義、某某的馬克思主義和我們的文化保守主義形成一種互動對話。我記得很清楚，我在陳曉明的一篇文章裡把丹尼爾‧貝爾的一段話加了進去，就是：政治上的自由主義、文化上的保守主義、經濟上的社會主義。在貝爾那裡，「文化保守主義」不是一個負面的詞，這也是我們這樣給自己定位的助因之一。現在看來，那時比較懵懂，對每個主義的理解，對它們之間關係的理解，都還很膚淺。

問：您覺得是到了什麼時候，國學、儒學才受到越來越多的重

視？

陳：大概是最近這些年吧！

姚中秋（以下簡稱「姚」）：2004年左右有幾個活動，一個是《原道》十周年慶，另一個是在廣州開的儒教會議。

陳：那個會也是我辦的。2004年我在社科院宗教所成立了儒教研究中心，當時就琢磨著搞這樣一個會。後來得到廣州信孚集團的支持，就搞了這個「首屆全國儒教學術研討會」。

姚：然後呢，還有一個「讀經的爭論」。當時，儒學方面有很多表現。再一個是，有若干自由主義者加入支持儒家的陣營，這也引起了思想界的關注。像劉海波、范亞峰和我都是支持儒家的，只不過范亞峰後來走上了基督教。應該是在那個時候，儒家有了一種自覺，並且在思想的光譜上呈現了出來。

二、對港台新儒家的批評

問：從闡發「即用見體」到提出「公民儒教」說，您的思路跟蔣慶、康曉光等其他人很不一樣，甚至有人質疑您是「偽儒」。雖然您曾受到港台新儒家的影響，但您並不同意港台新儒家的話語形式。雖然您總是表示支持自由民主憲政，但您也經常表達出強烈的民族主義。以下，可否請您談談您的主要思路？

姚：我建議分兩部分來談：一個是判教，談對其他儒家的看法和批評；然後談自己思想的基本結構。

陳：我作為一個1960年代出生，在1980年代求學思考的人，一直和自由主義有某種親和性，這是我的不變初衷。

說到判教，我想先談港台新儒家。我說過港台新儒家是我精神的導師。他們的時代崇尚理性，認為哲學是皇冠上的明珠；哲學被

他們當成說明儒學的最佳學科框架。所以，他們的著作總是比較偏重儒家思想內部概念的關係，並把儒學說成是跟某種西方哲學相似或相近的體系。

而我，可能因為1980年代大陸「文化熱」的緣故，比較關注作為文化符號的儒學與我們的歷史、我們的社會、我們的生活和生命之間的內在互動關係，從這種關係中去理解儒家的意義和功能。這些東西我認為是更重要的，因此，我並不認可港台新儒家的話語形式。他們的進路預設了哲學在「歷時性上的同一性」和「共時性上的普遍性」，這雖然可以在返本的時候為我們護住一線心脈，卻無法在開新的時候撐開一片天地。在我看來，沒有哲學不意味文化就沒有尊嚴；沒有關於天地人生的論述、沒有信仰才是問題的關鍵。所謂「為天地立心」，性質上顯然更接近宗教情懷而非哲學意識，是一種先知式的體悟而非哲人式的論證。

牟宗三對儒學的心性論定位是哲學話語形式的必然，因而將宋明理學當作儒學的最高形式，並將它本質化。但實際上，宋明理學與孔子的精神、易傳的傳統相去甚遠，它只是儒家在宋代這個特定語境中的某種落實方式。牟先生看到朱子的問題，故推崇胡五峰、程明道一系的思想；但是，他本人雖然企望「即存有即活動」的境界，卻終究沒有將這一進路帶回到孔子與易傳大化流行的宗教性生命感和世界觀。「即存有即活動」本身的表述形式就是哲學式的、宋明理學式的，不僅很隔，而且把自己、把儒學弄得很被動；非得生造出一個「坎陷」的概念，才能實現與外部世界的溝通連接。

一定要講哲學的話，儒家也應該從人生哲學和政治哲學的方法和角度去講。人生哲學是與天合德奉天而行，成己成物參贊化育。政治哲學是以安老懷少悅近來遠為終極描述；至於具體如何博施廣濟，則大而化之沒有給出規定。這樣的理論基礎是極富彈性的，闡

釋的空間非常寬闊。

問：您不同意港台新儒家從心性儒學開出德先生與賽先生的話語形式，您覺得這太依賴西方「哲學」範式。您怎麼看徐復觀？

陳：我比較親近徐復觀，因為他的史學進路和自由主張，不存在什麼開不開的問題。

問：您怎麼看港台新儒家想要把儒學與德先生連接起來的問題意識？

陳：民主是五四以來的主流價值，跟科學一樣無可置疑，因為人們把它當成了民族振興國家富強的靈丹妙藥。這自然也不免帶來對其理解的片面與偏頗之處。科學成了科學主義，連人生問題也想靠科學解決，但實際上科學並不提供意義。民主作為一種制度，是實現正義的工具；但其效率、效果的高低，則存在一個與歷史情境社會條件相匹配的問題。對我來說，深化對民主的理解不是要解構它，而是要更好地實現當初追求它的初衷。

問：余英時不算是新儒家，雖然在大陸時而被誤解為新儒家。余先生曾經從羅爾斯的政治自由主義架構去分析儒家在憲政民主社會、多元社會裡面所可能扮演的角色。他把儒家詮釋成一種合理的整全性學說，是多元社會中的重要一元，在尊重憲政民主基本規範的前提下發揮其影響力。我猜想，您可能覺得這樣對儒家來說，還是太委屈了？

陳：余英時先生比較複雜，他是錢穆的學生，既有現代意識又有很好的學術素養。我認為他實際上還是一個同情、認同傳統的知識分子。他早期作品中為傳統文化辯護的意識非常明顯，《中國近世宗教倫理與商人精神》毫無疑問是在韋伯的論域裡面為中國文化辯護。從這個角度來說，我對他是充滿敬意的。我對你剛剛提到的他的那種說法，即儒家在民主憲政的規範下運作，並不反對。我認

為道統高於政統是從歷史文化上說的；它可以理解為在憲法制定的過程中，憲法應該考慮和尊重道統的相關價值論述。從現實的制度架構來說，憲法的位階高於任何一個學說或宗教，這也是政教分離的現代政治原則所要求的。

　　但從儒家的內部立場來說，社會的多元性應該也是一個結構。在這裡面，儒家能夠、也應該憑自己的努力去獲得某種特殊地位，就像基督教在美國具有公民宗教的地位一樣。

　　姚：我覺得在近代中國，親近儒家有兩個路徑。一個路徑是道學、宋明理學的路徑，這其實就是熊十力、牟宗三的路徑。另一個是史學的路徑，像王國維、陳寅恪、錢穆、余英時，其實是屬於這個史學路徑。如果走史學路徑，就很難形成一個整全的體系，因為史學本身就已經把整全性給破壞了。但陳明走的既不是道學的進路，也不是史學的。

　　陳：前者有點像體經用經，後者有點像體經用史。我覺得自己的「即用見體」更接近章學誠：即體即用，經史合一。當然這是以周易的乾元化生論為前提。我在《原道》出來以後，曾經給余先生寄過一本，還寫了一封信。那時讀到他〈猶記風吹水上鱗〉對錢穆與新儒家的區隔分疏，雖然學理上認為他講的是事實，但我從儒家統一戰線出發，建議不應該放大錢穆先生和牟先生的衝突，再怎麼說這是內部分歧。當然他沒理我，但我受他的影響還是很大的，特別是方法論。我很贊成他結合社會學和歷史學來談問題，但我的路子更接近文化人類學或文化學。

三、從儒家到「儒教」

　　問：大陸現在很流行談「儒教」，而不僅僅是「儒學」或「儒

家」。您跟台灣儒學界有很多交流，所以您一定注意到了：「儒教」一詞在台灣的出現頻率遠不及大陸。您如何理解這個反差？

陳：從大陸來說，以儒教的概念代替儒學的概念，主要是為了強調儒家文化與社會生活和精神生活的有機聯繫。儒學的學是知識論的，或者乾脆就是哲學的，但這顯然無法體現儒家文化在歷史上的真實型態與地位。在台灣不用「儒教」這個詞，是因為儒家文化本身就是以活態的形式存在著。在公共領域，它具有公民宗教的地位和影響；在私人領域，它滲透在民間信仰和倫常日用而不自知。所以，不管你們叫不叫它「儒教」，它就是以「儒教」的形式存在著。

如果在大陸也這樣，我們——至少我個人也就根本不會去折騰它了。

問：近年來「儒教」在大陸語境的所指，似乎已經從一種「教化」變成一種「宗教」。這是效法康有為嗎？我發現您也使用「儒教」一詞，而且視之為一種「宗教」。

陳：孔子的東西之所以在四庫全書裡面成為「經」，並不是因為它在知識學類型上跟韓非子或墨子有什麼不同，而是基於它在倫常日用之中、在現實的政治運作之中的地位和影響力。現在，它所依托的社會組織架構隨著社會變遷而逐漸衰落消亡，那麼，為它尋找建構新的社會基礎與平台，也是順理成章自然而然的事。

「宗教」之外，還有什麼更好的別的形式或進路嗎？康有為的用心恐怕也是在這裡。康有為的孔教運動如果不是過於高調的國教定位，而是實實在在地求取一個跟佛道耶回同樣的法律身分，將孔廟、宗祠、書院等儒教資源整合為一體，我們今天也不至於如此狼狽。如果現在存在機會，我們就應該好好把握，不能再次被歷史甩開。

問：跟佛道耶回同樣的法律身分？是指登記爲宗教團體嗎？如果是的話，我很想問您：儒者真的適合或擅長去搞宗教活動嗎？在台灣，登記爲宗教的儒教，是教徒人數最少的宗教之一，其影響力遠遠比不上道教、佛教。在大陸，登記爲民間宗教的儒教，真會更有影響力嗎？

陳：是的，登記爲一般的宗教團體。這樣至少可以拿到營業執照去宗教市場與人平等競爭。

我現在思考的一個興趣點，就是如何建構儒教關於生死問題的論述。我有個學生就做這個題目，跟北大盧雲峰也交換過看法。佛道教興起之前，國人的生死觀跟儒教有很深的關係；只是董仲舒以後，儒教越來越政治化、精英化，導致這方面說服力的萎縮——這也是道教在民間興起的原因之一。

至於儒教的競爭力如何，那是另一個問題。台灣的一貫道，實際上就是以儒教爲主體。我做過一些考察，應該說深受鼓舞。

問：在台灣的教科書上，有不少儒家文化的教材，但這不是一種宗教教育。宗教有太多種了，政府若是提倡某一特定宗教，便有政教合一之虞，就違背了憲政民主的基本規範。反之，正因爲儒家文化不被當成一種宗教，其社會文化影響是跨越宗教的。

陳：前面說到的儒教在台灣的地位問題，就是跟馬英九參加祭孔、儒家經典進入中學必修課教材聯繫在一起的。有其「實」最重要，至於「名」完全不重要。現在大陸的情況是：儒家文化什麼都不是！前陣子在台大開會，我說台灣學者認爲「儒教」之說阻礙了儒家文化發揮影響，是「飽漢不知餓漢饑」。如果大陸學者也這樣反對儒教，則是脫離現實的虛矯。

四、對國教說的批評

問：大陸有些儒教論者呼籲立儒教為「國教」，甚至主張一種嚴密的政教合一體制。這類國教說，及其原教旨主義式的政教合一想像，到底有多儒家呢？您好像不曾批評過國教說。

陳：我的確沒有很尖銳地批判國教說，因為有你們批判已經夠了嘛！但我最近也說了政治不太正確的話：首先，作為一種宗教，儒教的宗教性本身是相對比較弱的，這是指在對神靈的信仰方式和程度上，在對個人生死和靈魂的論述上。所以即使我主張儒教說，也反對把儒教說得有鼻子有眼甚至眉毛鬍子也一清二楚的樣子。那樣既不能很好地表述儒教，也不利於在今天重建儒教。

第二，不能不尊重歷史，不能為了替自己的主張做論證就主觀地敘述歷史，比如講「儒教在漢代就已經是國教」。漢承秦制，基本是霸王道雜之的格局，並且是陽儒陰法。儒教是從薩滿教脫胎而來的，是在社會的基礎上生長積澱起來的；當然有禹湯文武和夫子的點化，但它本質上是屬於社會的。幾乎所有的早期社會和國家，都包裹在宗教的外衣內——絕地天通是個標誌。在政由寧氏祭則寡人的政教分離之後，儒教及其禮樂制度就開始從政治運作中淡出，到秦的焚書坑儒發展到頂點。董仲舒對策漢武帝而獨尊儒術，這並不是柳暗花明又一村，而是蕭瑟秋風換人間；儒已經僅僅是作為社會治理的一種術出場，而不再是道了。並且之所以如此，仍是因為儒教有深厚的社會根基，否則憑什麼聽你的？

姚：講這個，為什麼會政治不正確？

陳：政治不正確，是因為按照儒門內部的原則，我這樣說不利於儒教形象的塑造。但是，我確實認為「上行路線」（**按：此指國**

教說）理論上不成立，操作上無可能，效果上沒好處。我主張，第一，發展儒教的路徑應該是從社會基層由下往上長，只有下面長好了、有了根基，上面才會重視你。

第二，必須考慮到時代的變遷。今天儒門淡薄，除了自由主義的衝擊、基督教的衝擊、意識型態的衝擊外，也跟儒家本身還沒有對社會變遷或者所謂現代性的衝擊做出有效回應有關。我理解的現代性不只是左或右的意識型態話語，更是指工業革命以來形成的生產方式、生活方式、思維方式等等。由此出發，對儒教有所調整改變，應該是可能和必要的。

問：您跟蔣慶有何不同？

陳：我跟蔣慶最不同的有幾點。第一，他是從儒學的角度看世界，看中國的問題；我則是從人的角度，首先是從中國人，然後是從世界的人出發，從中國人、全人類的福祉和發展來看儒學的。蔣慶的出發點是本質化的文化，我的出發點是人的生存發展。

第二，他關心的問題是所謂「中國性」的喪失和恢復，他認為近代以來中國已經徹底西化了，也就是夷狄化了，政治上是馬克思主義，經濟上是資本主義。我關心的問題是中華民族的復興，就是近代以來尋求富強的問題。對我來說，「中國性」是一個歷史性、建構性的概念，不能簡單地從文化角度把它本質化。我關心的是人如何很好地生存發展，就是生生不息、天地位、萬物化。我承接的是洋務派中體西用的傳統，他承接的是倭仁的頑固派傳統。

第三，蔣慶對現代性的態度，整體上是否定的。他對整個現代性先做了一個價值的理解，然後否定。我對現代性則是做一個歷史事實的理解，然後把它作為我們生存的境遇去評判分析。

第四，基於這些方法論或是基本預設的不同，我們對於儒家的發展前景的看法也不同。我不贊同「國教」這種上行路線，我主張

的是「公民宗教」路徑。除開目標定位之不同以及相應的發展方案
之不同，在對「作為一個宗教的儒教」的態度上，蔣慶強調儒教的
完備性，所以要尊為「國教」；我則強調改革的重要性，我主張加
強儒教對靈魂生死的論述，以夯實基礎，爭取獲得「公民宗教」的
地位和影響。

　　問：蔣慶的政治方案（一種所謂的「**儒教憲政**」），您部分接
受嗎？

　　陳：不接受，我認為蔣慶的方案沒有可操作性。他說「國體院」
要由那些有儒家血統關係的人充任，但他們能保證什麼？所謂「天
道合法性」，可以通過對憲政的闡述來體現，根本不必畫蛇添足。
「通儒院」怎麼產生？由誰認定？我想我這個「偽儒」肯定是選不
上的吧！

　　問：康曉光的方案，您也不接受？

　　陳：在問題意識上，我跟康曉光有相當的重合，就是對中國有
一種「利益主體」的理解視角。在對文化的理解上，康曉光也有工
具主義的色彩，這方面我跟他接近。但他是康有為加亨廷頓；他之
接受儒學，跟亨廷頓的文明衝突論很有關係。亨廷頓不僅構成他的
語境，也構成他的思想邏輯。我覺得亨廷頓是故意那樣拿文化、文
明說事，而曉光卻有點上當，真的相信文明不僅衝突，而且具有超
越利益、政治與法律的作用。因此，他把杜維明所謂的儒教中國給
實體化，並據此建立自己的論述。我認為這太不現實或者說太理想
主義了。

　　按照他的「文化帝國」邏輯，各個國家的華人儒教徒是一個共
同體，那麼，中國境內的基督徒是不是要劃到西方去？穆斯林是不
是要劃到阿拉伯去？這不是搞亂了自己嗎？我們必須清楚：在國際
社會，絕大多數糾紛背後的關鍵因素，除開利益還是利益。

姚：康曉光的文章不能發表，不是因爲他的文章本身有什麼問題，而是他完全以一個策士的身分，試圖把統治的秘密全部公諸於天下。他原來提什麼合作制國家、精英的聯合統治啊，意思就是精英把持壟斷權力。

陳：我跟蔣慶、康曉光他們一個基本的共識，就是從「宗教」的角度去理解、闡釋和建構儒家文化。這意味關注儒學與生活、生命的內在關係，而不是僅僅把它當成一個知識的系統，滿足於其內部邏輯關係的釐清，在與西方哲學流派或個人的比較中評估其成就。這是大陸儒學與港台儒學最基本的不同點。我不贊成儒教的國教定位，只是這個論域中次一級的問題。

五、儒教的「下行路線」

問：您不贊同立儒教爲國教的「上行路線」，而是主張（1）通過儒教的宗教身分，整合民間社會的儒教資源，而這對您來說，還意味要加強儒教的宗教性論述；（2）從「公民宗教」去界定、建構儒教的特殊地位和影響力。以下，能否請您更深入說明這一「下行路線」及其背後的問題意識？

陳：今天的「國」是「五族共和」、多元一體的現代國家，而不只是漢族的國家。將一個特定族群的宗教通過政治或政府的力量定爲國教，康有爲在那個時代做不到，現在這些人在這個時代更加做不到。與這個國家相對應的群體，不是作爲ethnic group的漢族，而是作爲nationality的中華民族。各族群或各民族之平等，是維持中華民族的法律和道義的基礎，是最大的政治智慧。

從歷史看，儒教在中國歷史上顯然具有這樣的跨族群的政治地位，例如天安門的「左宗右社」格局，聖旨以「奉天承運」開頭，

明清以來普遍的「天地君親師」牌位等等。漢族皇帝這樣做，少數民族皇帝也是這樣做的。《大義覺迷錄》就是雍正皇帝對這個問題的論述——順便說一句，他發布正音詔令在南部地區推廣官話，雖然說的是「以成遵道之風」和「同文之治」，實際他想強化的是一個政治共同體。可見，從「公民宗教」的角度闡釋儒教，顯然是可能和必要的。今天復興或重建儒教，目標顯然應該包括「公民宗教」地位的爭取吧！這樣，我們就應該根據這一目標定位，來看它具備怎樣一些特徵或條件。

問：「公民宗教」所指為何？

陳：「公民宗教」實際是指一種功能、一種地位。這種功能的發揮、地位的獲得，必然是以「作為一個宗教的儒教」為基礎，否則就不可思議。因此，首先應該要對「作為一個宗教的儒教」進行重建。這裡的重點，我想一是尋找和建立自己的社會基礎，二是建立和完善關於個體生命或生死、靈魂的論述。前者要求與現代社會相匹配，後者則是把自己理論實踐的薄弱環節補強。這就需要把儒教削得比較「薄」一點。

具體來講，一個是對華夷之辨的調整的問題，另一個是對個體性的重視的問題。儒教是把天作為萬物之始的，也包含有作為萬物之所歸的意涵，可是沒有得到闡發，可能是因為孔子說過「未知生焉知死」吧！這方面不能滿足人們的需要，也是它在科舉制這種與政治連接的橋樑斷裂後很快衰落的原因。而一貫道等儒教型態在台灣和東南亞地區的繁榮，則跟它對生命問題的承諾有很大關係。我在考察之後，覺得有可能根據歷史文獻和民間信仰以及一貫道的啟示，去做一點建構的嘗試。有了這些基礎，才談得上重回「公民宗教」地位的問題。

問：您說「儒教」應該完善個體生命、生死靈魂的論述，可是

您也承認這不是儒家的強項呀！這一方面好像是削「薄」了儒家，另一方面又好像做「厚」了儒家的宗教性。在這一薄一厚之間，您所謂「作爲一個宗教的儒教」似乎變成了一種民間宗教。但在多元的民間宗教之中，要以佛教和道教最具影響力。倘若「儒教」很難成爲華人民間宗教的主力，又怎能通過民間宗教的路徑，去取得公民宗教的地位？

陳：厚薄是從儒教與其他宗教的關係或關係相容性方面說的；完善則是從內部說的。你說得對，「作爲一個宗教的儒教」很大程度上接近所謂的「民間宗教」。但是，民間宗教本身並不意味其影響範圍的狹小，或理論、組織的粗糙鬆散。再說一遍，儒教是從薩滿教發展演變而來的，跟族群生活緊密勾連，直接衍生出一套禮樂制度。但成也政治敗也政治，董仲舒後因忽視深耕基層，導致儒教隨著政治變遷而失去了自己的存在基礎。現在放低身段重新開始，求得一席之地是完全有可能的。

至於公民宗教地位的獲得，並不完全依賴於「作爲一個宗教的儒教」如何壯大。作爲民間宗教的儒教在台灣影響力很弱——這種弱是相對概念，因爲中國人的宗教本身以離散式爲結構特點。但儒教在公共領域裡的地位，又有誰可比呢？就是說，儒教不僅僅是一個民間宗教，而是一個民間宗教的集合、群。甚至可以預言，在大陸的宗教管理法制化以後，最大的儒教團體可能連名字都沒有一個儒字。像三一教、一貫道還有東南亞的德教，都沒有儒字，但都屬於廣義的儒教。這些都是儒教獲得公民宗教地位的有力支撐。

問：您前面還提到「對華夷之辨的調整」。

陳：梁啓超也曾思考如何在滿清建立的版圖上把多元族群整合起來，整合成爲所謂中華民族的問題。就像美利堅民族不等於盎格魯薩克遜人、尼格羅人或者印第安人，中華民族也不等於漢人、滿

人、藏人或其他族群。中華民族不是56個族群的簡單相加，而是各族群帶著各自文化背景、基於憲法原則的認同凝聚的有機整合。

作為與美利堅民族相對應的思想意識或觀念，所謂美國生活方式、美國精神的重心並不是某一族群的內部歷史和傳統，而是跨族群的現實存在的反映。其內容受到政治、法律的制約，但文化仍然是它的一個組成部分，並且其本身的存在形式也只能是某種文化性質的東西。同理，「作為公民宗教的儒教」是對作為一個政治共同體的中國之一員，對其政治法律身分及其相關論述的自覺意識與表達。這裡說的相關論述，是指一種共識、「共同善」之類的東西。它們跟族群意義上的文化具有內在關係，是與之不離卻又不盡相同的新東西——與每個人都是歷史縱向與空間橫向的二維綜合體相對應，是需要去培養促成和建構的東西。在這裡，文化方面的工作與政治、法律層面的工作一樣重要。而作為56個族群或民族中最大的一支，漢族對此應該承擔更多責任，不僅要有自覺中華民族化的意識，即走出漢族中心主義，還要在中華民族意識的構建中帶頭做出貢獻。

可以說，參照基督教從猶太教的脫胎而出、後來新教的改革、以及基督教在美國發揮公民宗教作用等這樣一個脈絡，我這裡講的也許更容易理解。首先，把基督教從猶太教的分離看成是信仰與特定族群的分離；新教的改革則是對社會變遷的適應。基督教在美國獲得公民宗教的地位，則是前述演變的結果。

姚：宜中剛剛問到，您的「公民宗教」究竟要做什麼？您給它設想的功能到底是什麼？我覺得您還沒說清楚。

陳：公民宗教的功能有兩點：第一，要給政治確立一個價值的基礎，就是說在給政治一種合法性的同時，給它確立一個約束的標準。某種意義上說，董仲舒做的就是這樣的工作。換言之，是他把

「作爲一個宗教的儒教」推向了「公民宗教」的位置。給政治確立一種價值的基礎，這是第一個功能。第二個功能是在社會層面、在國家生活的層面，提供一種思想文化認同的整合基礎，以凝聚或塑造中華民族意識。

當然，我堅持從儒教出發，仍不免被質疑爲漢族中心主義。基督徒就曾質問：爲什麼拿儒教來當公民宗教？爲什麼不就以基督教作爲公民宗教？我說，漢族人畢竟還是中華民族的主體。另外，儒教在宗教層面的寬容性更大。基督教作爲一神教，跟伊斯蘭教的矛盾更加沒法化解。

問：請讓我先整理一下您所表達的主要觀點。您批評了立儒教爲國教的主張，您說此種「上行路線」很難行得通。您說儒教應該致力成爲所謂的「公民宗教」，並強調其跨族群性與公共領域中的基礎性。一方面，您希望「作爲一個宗教的儒教」通過加強其關於個體生命、生死靈魂的論述，能在民間社會發展茁壯。以此基礎，您更希望儒教能具有跨族群的「國族整合」功能，從而取得公民宗教的地位和影響。您認爲「作爲公民宗教的儒教」必須擺脫華夷之辨，並適應現代社會的變遷。這是您的大意嗎？

陳：是這麼回事。

六、作爲「公民宗教」的儒教

問：您爲何要用「公民宗教」這個詞？在盧梭那裡，「公民宗教」是爲了打造出高度同質的國民、公民。它不但相當一元化，也還有軍事化的價值在裡面，跟現代多元社會似有衝突。

陳：爲什麼使用「公民宗教」概念？首先是不滿研究界像任繼愈、何光滬他們以基督教爲宗教的標準範式來描畫儒教。儒教是宗

教，但不意味儒教是基督教那樣的宗教。要證明這一點而又避開理論上的繁瑣，對其功能加以描述是比較簡潔的方式，由此可以比較清晰直接地把握儒教的特徵。

我對公民宗教概念的理解和使用，跟羅伯特・貝拉對美國社會的討論關係更緊密一些。國家是建立在社會的基礎上，而社會作為一個共同體，有它的價值理念和情感及其論述。那種從原子個體出發討論國家的理論，實際上只是邏輯假設，雖然有很多積極意義，但只能看成是一個參照的系統。

在費孝通的中華民族「多元一體論」中，政治一體文化多元，其正面意義很多，但仍存在政治與文化之間互不搭界的問題。在一體化的政治大屋頂或憲法大屋頂下，56個族群的文化邊界清晰，延續強化著自己的時間和記憶。但我們是否也應該從空間的角度，去思考在這個政治共同體的基礎上，培育出某種新的文化意識？這個共同體作為我們生活的空間，也會隨著生活的展開而形成自己的歷史，形成新的文化。把「國族意識」當成這個新文化的組成部分之一，應該說是順理成章的吧？貝拉說「任何有政治結構的社會都存在某種意義的公民宗教。」這也就是我理解的中華國族意識。

憲法上對社會多元性的尊重並不妨礙對文化發展方向的引導，以促進文化與政治之間、文化單位與文化單位之間、個體與個體之間的良性互動。這種多元文化與一體政治之間耦合協調的問題，孫中山就曾經多有論述。但從新疆七五事件以及更早的西藏三一四事件來看，族群的融合或中華國族的形成還是一個剛剛開始的課題，甚至可說是嚴峻的挑戰。它既是政治的，也是文化的，即長期以來農耕文化與遊牧文化緊張關係的當代表現。

「作為公民宗教的儒教」與「作為一個宗教的儒教」是不同的。作為一個宗教的儒教，主要是對歷史、對漢族及其他認同儒教的社

群而言的。作爲公民宗教的儒教，則是對作爲政治共同體的國族而言的。前者是時間性的，後者是空間性的。要實現由時間向空間的轉換或跳躍，這就決定了它必然是一個很薄的儒教版本，既要與其他宗教對接，也要與現代價值對接。對接越平順，其成立的可能性就越大，效果就越好。所謂超越夷夏之辨，就是在公民宗教的層面說的。

問：在漢藏、漢維問題上，「作爲公民宗教的儒教」如何促進族群關係的和諧公正？有人會說：漢藏、漢維關係的和諧化，不能只靠漢族知識分子的一廂情願，還必須傾聽「他者」的想法。

陳：這既是一個政治問題，也是一個文化問題。馬克思主義和自由主義有一個共同之處，就是都不看重民族問題；一個把人看成階級存在，一個把人看成個體存在。這種化約有個好處，就是可能會比較注重從政治和法律的角度去解決民族問題。但是，文化問題也是真實的，不可能完全被化約爲政治或法律。你說的「對他者的尊重」我也是很同意的。我反對國教論，這應該說是「對他者的尊重」的一種體現吧？

在各個宗教中，儒教的版本顯然是相對最薄的；從歷史看，儒教對社會的關注也相對最多。它源自薩滿教的天人合一思維、對天的信仰，是從生命的角度去理解崇拜，這些都比較容易在諸神之中求得共識。它的「己所不欲，勿施於人」也具有黃金律的地位。這些都是儒教爭取公民宗教地位、發揮公民宗教影響的有利因素。國族意識增強了，族群聯繫的有機性也就會提高；族群聯繫的有機性提高了，族群關係的和諧程度也就會提升吧？

問：您不但承認、指出儒家的宗教性較弱，還主張加強儒家的宗教性論述。這裡包含兩個不同面向，前者是實然，後者是應然。後面這個應然（應該強化儒家的生死靈魂論述），一個參照是一貫

道，另一個參照好像就是基督教。您的公民宗教說，是否以「基督教在美國」作爲主要參照？

陳：儒教在生死論述上的弱化是出於歷史的原因；董仲舒後，這個問題是由道教、佛教解決的。但是儒教的理論中仍然保留著它的邏輯空間，完全可以啓動。這不是實然或應然的問題；新興宗教都可以雨後春筍一般冒出來，儒教老樹新枝又有什麼不可以？

再一個請注意，我不是拿基督教作參照，而是拿美國作參照。美國是個大熔爐，不同族群相對成功地整合成了美利堅國族，建構起了美國生活方式或美國精神。日本是單一民族國家，它的公民宗教的主要基礎應該是神道教，是硬生生建構起來的。從這裡也可以看到，公民宗教實際也有多種模式。相對於日本、法國，中國跟美國顯然更具可比性。

問：我注意到，您好像對基督教在中國的發展感到焦慮。三自教會加上家庭教會的信徒，現在估計有六千萬、八千萬甚至更多。作爲公民宗教的儒教，能接納、包容這些「異教徒」嗎？還是又要把他們當成「西方污染」？

陳：不會壓制，就是想包容它，建立共識。我的立場是，中華民族的文化屬性仍然是以儒家爲主、爲底色，這是我努力要去建構的東西。但我不認爲這個立場會帶來宗教壓迫。如果說國教論會讓他者感到不適的話，公民宗教論應該不至於如此。

地下教會的問題跟宗教政策有關，跟三自教會有關，但跟儒教的關係還談不太上。另一方面，我的基督教朋友中反儒教的當然不少，但認爲儒教和基督教可以相容並包、和諧共處的也很多。諸神之間存在緊張是自然的，但緊張不等於衝突。

「西方污染」的問題比較複雜，它跟文化身分與政治身分的關係、文化認同與政治認同的關係糾結在一起。美國人既然提出「文

明衝突論」和「軟實力」概念，那就說明這個問題並非完全是空穴來風。畢竟從歷史看，政治經濟甚至軍事的因素，也確實曾經搭載在宗教的平台上嘛！我覺得，在這裡若是將問題簡單化，不是太愚蠢就是太虛偽、太陰險。

我一直以孫中山、蔣中正、馮玉祥乃至張學良、王建煊做例子，說明做基督徒與做中國人並不衝突。儒門中人必須轉換觀念，接受文化身分與政治身分、法律身分不再完全同一的事實。這與爲儒教爭取公民宗教地位並不矛盾，反而有利於形成這種意識，有利於達到這樣的目標。在三教合一的文化結構中「儒教治世」，這正說明儒教主要的功能是在公共領域裡。

問：您的說法借助了貝拉的現代化理論，甚至帶有結構功能論的色彩。但無論如何，您最看重的好像還是「國族整合」的功能。

陳：我的確帶有結構功能論的色彩，也的確看重「國族整合」。但國族、國家在我這裡都是正面概念，或者說是具有正當性的國族與國家，也就是包含了現代權利意識、公民意識、法律意識等自由民主理論所強調的現代價值。「公民宗教」主要是一些共識、共同善之類的東西，是各社會文化體之間的最大公約數。國於天地，必有以立。這個所以立之基礎，必然是價值性的，而價值基礎從根本上說只能是基於信仰，是宗教性的。我希望儒教能憑著自己在現代國家建構中所做出的努力和貢獻，來獲得公民宗教的地位。

我所想像的公民宗教是佛教徒、穆斯林、基督徒也能夠接受的一些觀念價值，像生生之德、天理良心以及和諧、仁愛什麼的，既是理念、價值，也是共識、情感。當然，基督教、伊斯蘭教等其他宗教的一些觀念價值也可以整合到裡面來。所謂「作爲公民宗教的儒教」無非是說：在我們的公民宗教裡，儒教占有比較大的思想比重而已！公民宗教比較薄，卻具有綜合的特徵，內涵小外延廣吧！

問：您的說法指向一種以儒教作爲文化基底的國族認同。

陳：我可以接受這個說法。我也不否認我的公民宗教論述，是希望儒家傳統在這個多元一體的國家中獲得更大的影響力。但我要強調的是，這個以儒家爲基底的公民宗教，正是要超越ethnic groups的族群性。在這裡，共時性基礎上的共同體感受與經驗才是主導性的；文化的元素、歷史的敍事則是材料性的、輔助性的。相對於其他可以選擇的資源，儒教顯然比基督教、伊斯蘭教、佛教或道教更具開放性，因此也更具競爭力——也許他們不這樣認爲，但這是我的立場，可以在另一個層面展開討論。

姚：重建儒家，在您那裡是兩個過程。一是要重建儒家本身，然後您還有第二重情形，是要爲一個正在形成中的現代國家提供某種精神支撐。這是兩個不同任務，而您似乎想要畢其功於一役。

陳：我是分別從「作爲一個宗教的儒教」和「作爲公民宗教的儒教」這兩個層面去思考儒教的重建，並強調「**最終獲得公民宗教的地位或功能**」這一目標的重要性與導向性。這是因爲儒教如果不能發揮這個作用，它的存在就算不是沒有意義，也意義有限。

姚：我覺得，這兩個工作或目標之間存在很嚴重的衝突。要重建儒家，必須把儒家做「厚」。如果又要爲現代國家提供一種普遍的價值，那一定是要把儒家削得很「薄」的，否則的話就沒有這種可能性。

陳：是這麼回事。但我認爲，儒教如果不能作爲公民宗教爲現代國家的建構、中華民族意識的塑造發揮重要作用，「作爲一個宗教的儒教」無論做得多「厚」都意義不大。唐代就有儒教治世、佛教治心、道教治身的三教合一論。所謂儒教治世，就是指對公共事務比較關心，在公共事務中也具有較大影響力。今天，儒教固然要補足自己的短板，即關於身心性命、靈魂生死的論述，從而在社會

中立足;但立志卻一定要定位到「公民宗教」,並考慮爲它的銜接留下介面和空間。反之,國教論才是希望畢其功於一役,甚至合二爲一。我不是!

首先,我嚴格區分「作爲一個宗教的儒教」與「作爲公民宗教的儒教」。作爲一個宗教的儒教,是相對於漢族或儒教信仰者而言的,是作爲一個完整的宗教系統對信徒的精神生活發揮作用。作爲公民宗教的儒教,則是相對於中華國族而言的;它是對作爲一個宗教的儒教一些價值和論述的抽繹,但卻是在公共領域中發揮影響作用。

其次,我承認「作爲一個宗教的儒教」本身是有自己特點的,但同時也屬於一種「薄」的宗教,存在很多的弱項,如沒有自己獨立的組織系統、對靈魂生死問題缺乏足夠關心,等等。

最後,我認爲儒教與其說是要復興,不如說是要重建,並且是從社會層面的公民宗教定位來重建,以虛帶實,以公民宗教之虛帶一個宗教之實。把這個過程跟國家的發展轉型結合在一起來理解,是這個過程的重要組成部分。在台灣,我發現「作爲一個宗教的儒教」並不是特別繁榮,似乎比不過佛教、道教;但每個人心底都多少有儒教的根苗,而這正是「作爲公民宗教的儒教」地位穩固、影響廣泛的根據所在。這也使我對自己的思考更有信心。

七、從中體西用到「即用見體」

問:您提出「即用見體」論,但什麼是「用」,並不是不證自明的。您覺得有些現實問題是最重要的,例如西藏、新疆、台灣等等。所以,您強調儒家(或儒教)必須對中華國族意識的打造、對現代國家的構建「有用」。但現實問題有許多種,每個人看到的重

要問題都不太一樣。

陳：我想先澄清一下我的「即用見體」命題。「即用見體」是在對近代著名的「中體西用」命題的思考中形成提出的。「中體西用」是士大夫群體在面對西方文化進入的時候，處理儒家傳統與西方文化二者關係的一個問題解決方案。它原是從「中主西輔」而來的，而其所以取代後者成為一種共識，是因為體用概念在主輔意義之外，還有本末的意義。這樣，就對中西文化何以應該是一為主一為輔，做出了某種程度的理論說明、規定或論證。一般認為，中國文化講倫理綱常，是講精神的；西方講堅船利砲，是講物質的；精神的東西是根本性的，物質的東西是末節性的。這裡面雖然存在將複雜的東西簡單化的問題，但理論上有它的一套說法，現實中也符合主流的意願。因此，「中體西用」就獲得了它的歷史地位並影響廣泛。

跟孔子修《春秋》一樣，張之洞寫《勸學篇》既是文化的也是政治的。在我看來，「中體西用」的提出首先是一個行為，然後才是一個思想。這個思想行為之所以值得肯定，就在於它的後面有一個**中國人之主體意志**的自覺和設定。我的「即用見體」論，就是為了把這關鍵的一點凸顯出來並加以闡釋。

即用見體的「體」，在本體論層面是指天地生物之心；在人文層面，是指聖人體天製作的王心——這是董仲舒的概念，即王者之用心。它本身無形無跡也無言，天何言哉？天意見諸世間萬物，所謂「春夏秋冬、風雨霜露，無非教也。」我們只能即用以見之。這個「用」首先應該作動詞或動名詞使用或實踐講，然後才有效用、效果、情境以及所成就之事物的意思——實踐總是情境性的、意向性的、有結果效應的。作為效果的用，是由意向性目標決定的；反過來說，意向性本身也只有通過這種「活動」「發用」才「呈現」

出來。儒家最高人格聖人是奉天而行，以生生爲德，以仁爲心，成己成物參贊化育的，因此所謂的用首先是「發用」。從實用主義去理解有它的契合性，但把它庸俗化則是不可接受的。

「用」之所以不是自明的，是因爲意向性本身是抽象的，只有落實於特定情境之中才獲得具體規定。簡單說，「用」有一人之用一時之用，也有天下之用萬世之用；所以儒家要求大其心，爲萬世開太平。在這個利益分化、社會多元的時代，它一方面有「己所不欲，勿施於人」的元規則，另一方面也有尋找各方利益的均衡點的中庸之道。

問：您想把當前重大的現實問題跟儒家聯繫在一起，通過建構儒教之「用」來彰顯儒家的價值。這種「即用見體」要兩邊照顧、來回論證，而且，有效與否還取決於一些不確定因素。

陳：你說得很對，正因爲這樣，所以是一種實用主義和建構主義，但更像是建構主義。我基本是使用一種建構主義的觀點或思維方式。只談實用主義的話，可能就會把道德或價值的維度犧牲掉。儒家講立德，講爲生民立命，這都是虛的，也都是實的。朝一個目標行進，自然需要每一步都有所接近。因此，講究效用有什麼不好呢？

八、不是文化國族論，也不是天下主義

問：晚近中國經濟崛起，出現了一波國家主義的新高潮，種種文化國族主義或政治國族主義言說抬頭。您的自我定位是什麼？您是文化國族主義者嗎？

陳：不，我不是這種意義上的國族主義者。我想強調：我之所以說要揚棄夷夏之辨，主要就是因為它後面潛藏的文化民族論與文

化國家論在現代社會已經不是事實、不能成立。相應的第二點是，按照這個原則實施，效果不好，既不符合更基礎的儒家原則，也不利於生民福祉。文化國家主義、文化民族主義就是把文化當作國家的本質、民族的本質。這樣的本質主義，實際上是一種意識型態話語，一種形而上學思維。而我認爲，《春秋》大義的尊王攘夷論與文化夷夏論二者之間，應該均衡地去考慮。尊王攘夷論對政治及其附著的共同體意識和利益有較多重視；文化夷夏論應該結合這一切去做歷史的理解，才不會走向非歷史的虛無與悖謬。

　　前陣子我在廣州做了一個演講，從中華民族的角度討論儒學的問題。我說要反對文化民族論、文化國家論，馬上就有人反對我。有個人舉了亨廷頓的文明衝突論，說歐盟是因爲有共同的文化才出現的。我首先從事實來反駁他：文化同質性最高的是阿拉伯民族，其次就是所謂的儒教中國，就是中、朝（韓）、日、越南。但是在這些地方，仗打得有多厲害？搞台獨的深綠福佬文化實際還是中原河洛文明的正宗呢！你還能簡單堅持說文化就那麼有力，能夠等同於或成就一個政治聯合體嗎？現代國家以土地作爲硬體基礎是有它的道理的，雖然這個道理也不是那麼經得起推究，但歷史事實從來都是這樣。

　　問：您剛剛談公民宗教時，不斷強調跨族群的國族（文化）認同的重要性。現在您好像反了過來，反對那些把文化無限上綱的文化國族論。

　　陳：這不衝突啊！自由主義者從無知之幕開始講政治，人被抽象化，這是不妥當的；文化決定論者則看不到這一遮擋的必要性，直接把文化帶入政治，這也是不妥當的。我認爲兩邊都要考慮。所以我對於文化民族主義和文化國家主義有保留；對只講政治、只討論公共領域的人，我又強調文化維度的重要性。文化和政治在生活

中的關係複雜糾結，應該從結構的視角去理解，而不能只是做平面的、一階的處理；它們不能互相化約、僭越和替代。在儒家內部，我們要說道統高於政統，政治要有價值的基礎。但在現實層面，又要尊重政教分離的原則，承認任何文化都應該是在一個法律的架構或平台上運作。

我以前這樣批評過朱學勤——自由主義者把政治共同體理解為個體的組合，但每個人身上的文化元素是不可能完全被無知之幕所遮罩的。我現在又從另一個角度批評原教旨主義的華夷之辨——如果每個群體都把自己的文化帶到政治生活中，其唯一結果就是這個政治共同體的分裂瓦解。我早寫過〈多研究些問題，少談些文化〉，反對什麼都往文化上扯。相對於那種無限上綱的文化民族、文化國家的論述，我覺得要看到政治或是利益的關鍵性。文化雖然不是可有可無，但絕對不是最重要的。

我們講五族共和，要滿漢蒙回藏成為一個現代國家的話，當然首先要有好的制度，但也要致力於某種**公民意識**的建設。公民宗教的建構就是要做這個工作，它是跨文化的文化，跨越族群的文化。沒有這個東西，政治一體，文化卻沒有交集，各自在自己的軌道上奔跑，這個政治的大屋頂或者基礎就會變得非常脆弱。

問：晚近不少大陸論者大談天下主義、朝貢體系、中華帝國。您剛才說您主張揚棄夷夏之辨，因為漢族沙文主義不利於中華民族的整合。但您似乎接受國際現實主義，所以也不怎麼談天下主義、朝貢體系、中華帝國。

陳：從外部原因說，是這樣。但還有一個內部原因。**天下主義實際上是有一個文化邊界的**，因為首先要有個天，然後才有所謂天之下。天必然是一個有意義的、神靈的、或者神聖性的東西。但耶和華、真主，都是在我們這個天之外的。我們的天是自然、義理、

價值、意志統一的有機體。他們則是在有天地之前就存在的絕對的靈，跟我們壓根就是不共戴天，哪來什麼天下呢？這是第一。

第二，講「天下」的時候，毫無疑問，這個理論已經預設了我族中心。每個民族都講我族中心，這可以理解。但問題在於：把我們的「天下」拿到世界體系裡面去談，還把它說成一種最公平的體系，這首先就忽略了它本身的我族中心預設，以及背後與之相應的力量結構格局。搞這些東西的人，似乎都沒有意識到這一點。

問：也有不少人充分意識到了這一點。他們談天下主義、朝貢體系，就是要搞中國中心主義、中華帝國主義，不是嗎？

陳：我知道。但這就更不可思議了！打鐵先要自身硬，你現在吃幾兩乾飯，有沒搞錯？WTO以後的世界是個帝國，帝國就只有一個中心，那就是美國。朝貢體系，向美國朝貢還是向中國朝貢？自己的法權都得不到尊重，外匯儲備都保不住，還說什麼啊？聽著叫人想起金庸筆下的慕容復！

姚：其實提出朝貢體系的初衷，和天下主義的討論是一樣的，都認為中國人已經發明了一個更文明的組織這個世界的模式。

陳：對，我剛才反駁的就是這點。政治不是科學，是博弈的藝術。這些極聰明的人在這裡這麼書呆，可能是為了跟國際學術平台接軌吧！？實際上朝貢體系我很早就關心，黃枝連最早的書我在澳門1997年就看到。他們是談戰略的問題，有它的意義。但重點是，世界是怎麼組織的？根據權力大小和利益關係！你現在有什麼？有道德還是有智慧？這不說沒用，至少用處不大。裝糊塗的話還好，真糊塗就沒得治了。

問：有些人認為：中國現在崛起了啊，就要取代美帝了，而且絕不會像德國或日本那樣失敗！您沒做過這種中華帝國大夢嗎？

姚：在這點上，陳明倒是自由主義的傾向比較明顯。他的一個

基本預設就是中國還沒有完成現代國家的構建。那些人的看法都是中國已經很偉大了，現在問題是怎麼收拾別人。其實從這個角度來講，陳明也更像一個儒家，因為儒家通常只關心內部的治理，對外部世界基本是沒有興趣的。

陳：對，我的確是很自由主義的民族主義者。但我挺關心外部世界，南海、藏南地區，我都很關心啊！但正因如此，我知道我們自己雖然大，卻不強，憋屈的事到處都有。

秋風（按：姚中秋的筆名）說儒家通常只關心內部治理，對外部世界基本沒有興趣。也許如此，但我不這樣認為。天下、國家、社會、個體，這四個層面在我看來都是真實的存在，都必須給予同樣的重視。但秋風只關心天下與個體，現在好像對社會也比較關心了，但是對國家的意義還是重視不夠。前陣子他還說：他是文化中國論的天下主義儒家，而我是尊王攘夷論的民族主義儒家。我覺得「大丈夫當立功絕域，何能坐事散儒」的話就很豪氣，而賈捐之那樣的書生則確實很迂腐。言必稱文化實際上是無能的表現。有人說我是「偽儒」，我不以為意。

九、公民儒教與憲政民主

陳：我堅持五四的口號──外爭國權，內爭民權。中國作為一個現代國家，該爭取和維護的利益一定要努力爭取和維護。一般來說，自由主義者對內部的公平正義問題感受急迫一些，新左派對帝國主義問題感受急迫一些，並且都常常是只見其一不見其二。我有所不同，都有感受，並且注意區分利益的大小遠近，問題的輕重緩急。

問：能否談談您對大陸自由主義的批評？

　　陳：我剛剛說，我反對把文化放到決定性的地位上去；因此，我有別於蔣慶那樣的原教旨主義者。但一個現代國家也不能完全只靠制度安排或法律來整合，它需要一種公民意識或公民宗教來做連接，來提供認同感和歸屬感；在此，我又區別於一些自由主義者。

　　自由主義的「憲政愛國主義」有它一定的道理，但它完全抽離文化、社會和歷史的內容；憲政國家成爲原子化個人的結合，於是變得非常空洞、不合事實。任何政治共同體本身也是有歷史的，必然要生成出與之相應的觀念意識與情感型態。前面說過，美利堅民族存在一種與之匹配的文化型態，如貝拉所謂的公民宗教。

　　自由主義者如果選擇正面去理解儒家，我是覺得很輕鬆欣慰的。因爲在我的理解裡，儒家思想跟自由主義是可以很親和的，尤其是古典自由主義和現代自由主義中的社群主義。我曾經也有過這樣的緊張：作爲植根於前現代的儒家與作爲現代價值的民主與科學，是不是必然衝突、無法協調？現在看，這完全是杞人憂天。英國是最早的自由主義國家，但英國並沒有經過法國或德國式的啓蒙運動，路德、加爾文這樣的宗教改革家也並不是英國人。重要的是工業革命，是社會內部利益關係的協調平衡。什麼韋伯命題，我看可以說完全是虛構出來的。*如果是普世價值，那一定植根於人性；既然植根於人性，就一定不會受文化傳統的限制。*

　　問：*您的「公民宗教」論說，指向以「儒教」作爲文化基底的中華國族認同。在國族認同問題上，自由主義者之間是有分歧的。有些自由主義者特別擔心狹隘國族主義，因此選擇與太厚的國族主義言說保持距離。但也有些自由主義者認爲，某種具凝聚力的國族認同不但重要，甚至必要。*

　　我的觀察是，部分自由主義者之所以對公民宗教說有所懷疑，未必是出於一成不變的、僵化的激進反傳統主義，而可能是因爲搞

不清楚：在您所謂的公民宗教（或「公民儒教」）與現代自由民主憲政所需要的公民文化、公民意識之間，關係到底是什麼？

　　陳：我認為公民文化的概念太泛，不能傳達國族意識的深層底蘊，尤其是不能幫助對政治共同體與文化族群進行整合。

　　人們對於宗教概念的理解主要來自基督教、佛教等等，這些宗教雖然強勢、影響廣，但並不意味它們就是宗教的典範，甚至可以說它們在宗教世界中都屬於少數派甚至特例。更加普遍的是從薩滿教發展出來的各種民間宗教，從弗雷澤、伊利亞德的著作和觀點看是這樣，從出土文獻看也是這樣。孔子說「吾與巫史同途而殊歸者也，吾好其德義也。」這裡的「其」就是指天，孔子關心的不是絕對者別的屬性或意志，而是對它的生生之大德情有獨鍾。正是在這裡，儒教建立起了自己的神學論述，並奠定了其他諸如生命論或人生論的論述：既然性自命出，就應該奉天而行，成己成物，最終與天合德即參贊化育，經由立德而不朽。修齊治平的政治哲學，實際上是鑲嵌在這樣一個宗教性的話語板塊之中的。格物致知就是於物上感悟天地生生之德，內化為自己的人生目標進而踐履實行。確立這樣一個儒教的話語系統，可以為儒教的公民宗教地位、中華民族意識的塑造打下基礎。

　　孔子對好的政治的描述是「安老懷少悅近來遠」，對於執政者的要求是「博施廣濟」，對於施政次第的理解是「先富後教」。這些都是抽象的，具體怎麼做，我想應該是無可無不可，「即用見體」並不執著。孔子怎麼會反憲政呢？康有為、陳煥章也都明確支持憲政。憲政之憲，本就是指「聖王法天以立教於下」，本身就意味對權力的限制，並且不只是一個世俗性概念。

　　問：「儒教憲政」最近在大陸變成了流行名詞。但原教旨主義式的儒教憲政，是公開反對自由民主的；那些老是想拿孔子替當局

化妝的「通三統」式儒教言說，也是如此。換句話說，「儒教憲政」與「現代自由民主憲政」之間的關係為何，仍是需要說明的。

陳：人家怎麼說「儒教憲政」是人家的事，我不置評。我覺得曾國藩、張之洞、康有為、梁啓超以及後來的新儒家張君勱、牟宗三、徐復觀和錢穆他們，應該都是儒教的認同者，並且也應該屬於憲政的認同者或儒家的改革派吧？我認為這應該才是近代儒家的主流甚至正宗。我覺得自己應該屬於並去傳承這一脈絡。

問：您前面提到儒家需要現代化，提到現代權利意識、公民意識、法律意識的重要性，而這意味要帶入政治現代性的元素。您強調作為公民宗教的儒教，應該成為現代民主憲政的重要鋪墊。但這兩方面該如何銜接？您好像只是揭示了您的意向或目標（即以「公民儒教」作為現代憲政民主中國的國族認同基底），但似乎還沒有談出「公民儒教」與「現代憲政民主中國」之間的具體銜接。

陳：你這裡講的問題，實際上正是我現在想去解決的。我認為自由主義者可能對我太警惕了一些。我老是想把儒家的身段放軟放低，就是為了實現與自由主義結合的目標，就是為了更好的應對你這裡說的權利意識、制度架構等問題。但是，我理解的自由主義不僅在政治哲學上是一個薄的版本，其形上學基礎也不是原子個人主義。我希望回到亞里斯多德的目的論基礎上，回到至善的概念上，用生生之德與繁榮的意義交集來實現雙方的對接。

我個人想導向儒家與自由主義的結合，做這方面的題目。我認為台灣不能獨立，國家不能分裂，所以制度必須改良，要能夠給人家提供認同感或歸屬感。從這個角度出發，儒家就必須得對儒家本身進行一些理論的更新。這既包括對過去儒學的整體圖景的重新描寫，也包括對新的價值的吸收，以及操作模式的重新設計。

我相信人能弘道非道弘人，我感到六經責我開生面。所以我辦

《原道》，現在還想辦書院。我相信證嚴法師的那句話：去做，就對了！

問：大陸經濟成長很快，但在這個過程中，基本社會規則以及倫理精神秩序被破壞得很嚴重。這是許多大陸朋友的憂慮所在，我猜想您也是其中之一。如果「儒教」要發揮自下而上的更大作用，似乎非得介入改變社會的潰敗趨勢？

陳：這是毫無疑問的。儒家跟社會是結合在一起的，天下之本在國，國之本在家嘛。社會的提升與儒教的重振是同一個過程。現代社會多元，但儒教作為一種重要元素肯定具有不可替代性。你說的社會潰敗，一個是指它自己的有機構成下降，一個是指相對於政府權力、相對於資本，它的影響力下降。「大社會小政府」曾經做口號喊過，現在也悄無聲息了。國進民退，權力和資源都向政府和大企業集中，公民社會、中產階級都成了負面概念，這是非常叫人憂慮的。這對儒教來說實際也是致命的。但沒有任何人能從社會的潰敗中受益，所以，這種趨勢遲早會得到扭轉。那個時候也許是儒教的機會。

問：如果有朝一日，某種中國特色憲政民主出現了，且部分實現了「近者悅遠者來」和「老者安之少者懷之」，但儒家仍然沒有取得公民宗教的地位，您能接受這種狀況嗎？

陳：當然接受呀！儒家講憂患，但並不是焦慮症或偏執狂。孔子說天下有道丘不與易也。他要是有空，肯定是三五童子踏青去，微風細雨不須歸了。

問：最後一個問題是關於您的台灣印象。您多次訪台，不但跟台灣儒學界多所交流，也特別關切台灣民間宗教的發展。

陳：我最主要的台灣印象就是：一條不長的街上，百年老屋、幾十年前的磚房和不久前的高樓大廈連接在一起，而在它的連接處

或者某個拐角，就赫然坐落著某個不知名的神靈並且香煙裊裊。初看過去不太美觀協調，但稍一琢磨，心生敬意。這就像樹的年輪一樣，記錄著台灣社會的自然成長，它的後面則是制度的理性、人性和生活的充實祥和。

儒家和儒教的影響力，很難說得清，因其已經與這裡的人們相融為一，成為人們生活內在的組成部分了。台灣對大陸未來發展的最大啟示，我想應該還是在社會層面。我們應該對社會抱有信心，對傳統文化之於社會建設的正面性、有效性有信心。

政治體制改革的先聲

————高放訪談

高放

福建長樂人，1927 年出生於福州市。

1946 年自福州英華中學畢業，入北京大學政治系肄業；1947 年加入北大地下黨領導的民主青年同盟；
1948 年擬投筆從戎，加入解放軍當隨軍記者，赴解放區後被吸收為華北大學研究生。
1950 年起執教於中國人民大學，長期研究國際共產主義和社會主義運動史，
並於 1988 年當選中國政治體制改革研究會副會長。

著有《社會主義的過去、現在和未來》、《國際共產主義運動別史》、《縱覽世界風雲》、
《政治學與政治體制改革》、《中國政治體制改革的心聲》等專著。

1989 年以降，持續不懈地呼喚政治體制改革，力陳「執政的共產黨如果不能消除專制、
開創更高形態的社會主義民主，那麼人民大眾最終只好被迫無奈去接受資本主義民主」。
他主張政治體制改革應當領先於經濟體制改革，黨內民主、人民民主和黨際民主應當齊頭並進，
以民主作為法治的基礎，以法治作為民主的保證。

一、早期經歷

　　高放（以下簡稱「高」）：我1927年出生，抗戰中上學，小學就念了六所。時局動盪，家裡又貧苦。我父親是國民黨元老，1908年在福建加入中國同盟會。他參加了辛亥革命，但因為文化底子不高，沒做什麼大官，後來做了國民黨元老辦的一個光復醬油廠的廠長。1946年我考上北大，當時國共內戰剛開始，但我父親已經看到了一些問題。他希望我學工廠管理，因為不管誰將來掌管天下，都需要工廠。我父親好像預感到共產黨會掌管天下，但他在1948年就過世了，患喉癌過世的。

　　這樣說吧，我的一生主要是受過三種教育。第一種教育是從中學到大學的**英美式自由主義教育**。我念的福州英華中學是一所基督教會學校，屬於衛理公會系統。英華中學在台灣的校友很多，還有個校友會。我在英華中學讀了五年，校長陳芝美是美國的博士，思想開明，是很自由主義的。因此，我受到的是自由主義的教育。自由主義教育的好處是讓學生廣泛閱讀，開闊眼界，獨立思考。在這環境下我讀了很多課外書。學校有個思想進步的教師，在課堂上對學生講論理學，實際上是講馬克思主義。高一的暑假我沒有回家，當時抗戰時期，學校也不在福州，搬到了閩北順昌縣洋口鎮。那位老師的藏書很多，我從他那裡借讀了許多書，看了《共產黨宣言》、《西行漫記》等，這樣讓我對馬克思主義、對中國共產黨有了初步了解。這是高一的暑假，當時是1944年。

　　陳宜中（以下簡稱「陳」）：那時您已經接觸到了中共的新民主主義論？

　　高：沒有，那時我還沒讀到毛澤東的書，但對馬克思主義有了

一些了解。抗日戰爭勝利後，我們學校就從洋口鎮搬回福州市，所以我高三那年是在福州上課的，前幾年都在農村裡的小鎮上課。我的政治思想在1945年到1946年間，變化比較大，也比較快。1945年秋後，我讀到黃炎培先生的《延安歸來》，對延安解放區有了更多了解。加上1945年12月1日在雲南發生一場學生被鎮壓的慘案，因此，我對國民黨的專制獨裁就越來越不滿了。

1946年我高中畢業，我父親原本希望我去廈門大學，最好念工廠管理。但我想學新聞，將來想當記者，還想當作家。我在高中二年級時，就開始在《東南日報》和《南方日報》等報刊發表新詩、散文，還有一些新聞報導，又創辦級刊、校刊。所以，我畢業後就跟同伴到上海去考大學，結果考上了北京大學。但當時北大沒有新聞系，別的老專家就建議我讀政治系，說新聞跟政治很近。燕京大學有新聞系，但因為是私立的，學費很高，而我父親只是一個醬油廠的職員，那時還有妹妹要養活上學。去北大，我可以拿到國民黨政府發的「革命功勳子弟獎學金」。當時國民黨政府規定，1911年以前參加同盟會的都算革命功勳。我父親1908年參加過同盟會，所以我在北大拿了公費。

我原本也考上上海暨南大學新聞系，第一名錄取，但當時也是羨慕北大，就到北方去了。收到北大先修班的通知，才知道入學後還有個甄別考試，考試及格才可以直接上大學一年級，而不必上先修班一年。那時我想應該有機會考上，就放棄了暨南大學新聞系。結果北大先修班招了四百多人，但甄別考試只錄取三人，錄取率連1%都不到。所以我們一進北大就罷課，向學校請願，同學就請我當代表，當臨時學生會副主席，因為我高中時當過學生自治會會長。我說：北大騙人！明明說考試及格就可以直接念大學，現在怎麼只錄取三名？我們要求學校公布成績，一進學校不到兩週就開始罷

課。但最後，學校還是拒絕公布。

後來跟同學商量，就先念先修班吧！已經到了北平，那時也11月了，再回暨南大學也來不及，就損失一年吧！但後來進政治系念了一學期就不想念了，主要原因是我當時思想改變得很大、很快。第一場鬥爭剛才講過了，第二場鬥爭的起因是在12月24日聖誕之夜，我們先修班有個女生沈崇在東單被兩個美國士兵強姦，她剛好也是我的同鄉。因此，我們先參加抗議美國暴行的運動，過後又參加了1947年5月學生反內戰、反迫害、反飢餓運動。

我是到了北平，才讀到毛澤東和劉少奇的著作，也才念到新民主主義論。另外我喜歡文學，讀了很多解放區作家像丁玲、趙樹理的文藝作品。所以我想去解放區。

陳：您1947年加入北大地下黨領導的民主青年同盟，1948年去了解放區，能談談那段經歷嗎？

高：1947年6月，我參加了北大地下黨領導的民主青年同盟。我父親是20歲參加孫中山的同盟會，我也在20歲參加共產黨領導的民主青年同盟。到1947年下半年，解放戰爭的進度很快。政治系上了半年課，讀的都是英文本，都是美國教授的政治學原理，而且老師嚴格要求每兩週都要交paper。我那時英文程度沒那麼高，讀英文版原著比較慢，還要寫中文報告。我覺得這樣學政治學太脫離現實世界了，當時解放戰爭正熱，我正想當前線的隨軍記者，到前線去寫一些報導。所以1948年1月25日，我就離開北大，悄悄地跟兩位同學去太行山，想參加解放軍。解放區的人聽了我們的經歷後，就跟我們講，應該先去解放區大學，好好學習解放區的很多理論、政策。另外還說，現在前線離我們很遠，直接送去前線太危險了。所以，就把我送到解放區的北方大學去。

陳：您受過的第二種教育，是指解放區大學的教育？

高：是的，這就開啓了我人生中的第二種教育。前一段受自由主義教育，博覽群書、開拓視野、獨立思考、個人選擇。但我卻從自由主義選擇投奔到社會主義、馬克思主義去了。投奔解放區後，我接受了第二種教育，即**艱苦奮鬥，密切聯繫中國實際**。在北方大學，我學了半年。革命形勢發展得很快，1948年8月北方大學跟華北聯合大學合併成華北大學，兩個解放區合併，地點在河北省正定縣。到華北大學後，共產黨開始考慮到很快會在全國勝利，因此決定培養研究生。在那之前沒有培養過研究生，幾乎都是短期培訓。1948年華北大學要培養研究生，就把我選拔爲歷史研究室研究生。所以我的經歷很奇怪，北京大學讀了一年半，北方大學讀了半年。大學只讀了兩年，就被選拔爲研究生。研究生當了半年，北京就和平解放了。

北京在1949年1月解放，我3月初就隨華北大學隊伍回到北京去。回到北京後，華北大學在新解放的北京培養了很多學生。我就提前結束研究生的學習，當了助教。當時不叫助教，叫做學習助理員，負責給新招的學生輔導。到1950年秋後，以華北大學爲基礎，成立了正規的中國人民大學，按蘇聯體制，成立馬列主義基礎教研室，就把我調去當教員。那是1950年9月。從那時起，我就在人民大學教書，至今已超過六十年。

陳：當時的馬列教育，主要是讀史達林嗎？

高：我受到的第三種教育是**系統的馬列主義理論教育**。儘管我教馬列主義的課，但中國人民大學請了八、九個蘇聯專家來，引導我們讀馬克思、恩格斯，主要念列寧和史達林。目的是要讓我們了解蘇聯革命是怎麼成功的，蘇聯社會主義是如何建設起來的。

陳：您通俄文嗎？

高：我中學學過英文，後來又學過俄文。我因爲要教共產主義

運動史，到1970年代還學了德文、法文和日文，所以我會的外文總共有五種。但我比較好的外語還是英文和俄文。

二、反思國際共運

陳：您長期研究國際共產主義與社會主義運動史，在大陸受推崇為這個領域首屈一指的專家。我特別想問：在您數十年來的研究歷程中，有哪些比較重要的轉折？這些轉折又跟大陸的現實變化有什麼關係？1980年代以後，您對社會主義民主和政治體制改革的看法，明顯與鄧小平的改革開放乃至東歐蘇聯的解體有關。您是如何逐漸意識到民主之於社會主義的重要？

高：我過去六十年長期教的，就是國際社會主義和共產主義運動史。大體上說，我對社會主義、共產主義運動的歷史認識經歷過三個階段。第一個階段是從1949到1956年，那是我很年輕的時候，還不到30歲，是最年輕的教員之一。當時我對社會主義、共產主義的理解完全是以蘇聯作為標準，認定蘇聯就是標準的社會主義、共產主義的政黨與國家，對史達林有種個人崇拜。蘇聯對第二國際有很負面的觀點，譴責第二國際完全背叛了馬克思主義，修正了馬克思主義；說第三國際才是繼承了馬克思主義，而蘇聯正是最好的樣板。那時中國常出現一句話：「蘇聯的今天就是中國的明天。」那對我的思想影響很大。

我的第一次思想轉折發生在1956年。蘇共20大赫魯曉夫秘密報告，指出過去史達林的一系列錯誤，這對我思想震動很大。過去我思想上崇拜的史達林，沒想到竟搞個人崇拜、個人專斷，整肅了那麼多戰友，一點同情心都沒有，一些中央委員被關在監獄裡面跟他寫信卻都沒有理會。於是我認識到蘇聯社會主義有很大的弊病。

陳：按1957年反右運動的定義，您這看法似乎太修正主義、太右派了？

高：我在學習中央文件時發表了一些見解，沒想到在1957年就遭到嚴厲的批判。我還沒有被劃為右派分子，實際上是「**中右，滑到右派邊緣**」，但學校領導保護了我，說我主要是思想認識問題，而不是政治立場和反黨反社會主義性質。那時我發表了一篇文章支持赫魯曉夫的和平過渡論，說資本主義國家可以和平過渡到社會主義，那篇文章讓我被批判了很多年，總說我受到修正主義的影響。世界革命只有通過武裝鬥爭，怎麼可能和平過渡？就這樣批判了我好多年。

第二個階段大體上是從1957年到1978年第11屆三中全會以前。在這個階段，我對蘇聯模式的弊病有些看法，但我又陷入對毛澤東的個人崇拜。當時我認為史達林有錯誤，但毛澤東應該會吸取史達林的教訓。總之，在第二個階段，我對蘇聯有懷疑，但對中國共產黨則信任不已。

陳：您參加了文革活動嗎？

高：沒有。文化大革命開始時，我們系學生就把我揪出來，認為我是我們系的反動學術權威。我不服，那時我才39歲。學生說我是黑幫，是反動學術權威，我說我既不權威也不反動，我是共產黨培養起來的。所以當時我兩派的陣營都沒參加，但文化大革命一系列不正常的現象，也讓我思想上有很大的轉變。

陳：您對毛澤東的個人崇拜，是從何時開始淡去？對不少人來說，轉捩點是林彪事件。

高：對，我也是這樣，林彪事件對我思想震動很大。在林彪事件以前，打倒劉少奇對我影響就很大。我覺得劉少奇有錯誤，但是不該作為叛徒、內奸、工賊、反革命修正分子看待。劉少奇是那麼

老的幹部，原來毛澤東思想還是他樹立起來、鼓動起來的，怎麼突然憑空成了叛徒、內奸？後來一看，那些定性材料都是被逼迫的，沒有物證。

陳：1950年代的胡風事件，對您有沒有特別的影響？

高：我見過胡風是1946年10月在上海投考大學時參加紀念魯迅的活動，但我跟他沒什麼來往，因為我後來不搞文藝了。但1955年那個時候，我也挨批。我們教研室的副主任謝韜跟我私交很好，他被定性為胡風的骨幹分子，於是又把我定位成謝韜的左右手要我交代，但實際上我跟胡風沒有任何關係。

陳：1957年反右的時候，您內心有些懷疑嗎？

高：反右的時候，我覺得左派批右派有些過於激烈。我記得當時有個形象的比喻：整風究竟是打掃房子還是拆房子？我們認為整風應該是打掃房子，房子的灰塵很多要打掃乾淨。那時有個學生叫做林希翎，針對她別人就問我，她是否有小資產的正義感？我明確回答說：有，她有小資產階級的正義感，她看到我們社會很多不公道的現象，她要維持正義，爭取擴大民主自由。就我這樣的言論，後來也批判我半天，批判我不能這樣說，不能說她有正義感，應該說她完全是反動的，根本要推翻共產黨。

在文革當中我靠邊站，一是我對劉少奇事件很不能理解，後來林彪事件更不用說了。我說寫在黨章裡頭的接班人，怎麼會坐飛機逃跑？聽說內幕是因為急於想當國家主席，但急於想當國家主席也不至於要跑掉啊？你已經明文規定接班人是他，早晚是他，那他怎麼會想跑掉？我想其中一定有更深刻的矛盾。文革後期我在北大教書的五年，不正常的現象就更多了。

陳：文革時期的不正常現象，對您產生了哪些影響？

高：讓我考慮到我們的政治體制有重大的毛病。1978年三中全

會以後，我是最早出來揭露個人崇拜、個人專權問題的。1979年我有篇文章叫做〈反對個人迷信是國際共運的優良傳統〉，指出馬克思、恩格斯、列寧都反對個人迷信。個人迷信是從史達林開始，到毛澤東登峰造極，還超過史達林。

從個人迷信，我進一步考慮到了政治體制的問題。史達林和毛澤東晚年為什麼都犯大錯誤？為什麼都改不了？**因為缺少社會主義的自由與民主**，實行一言堂與個人專斷，誰提出不同意見誰就被打下去，都作為敵我矛盾被打下去。蘇聯是這樣，中國也是這樣。劉少奇、林彪，誰跟毛澤東有不同的意見都被打下去。這肯定與背後的文化傳統與政治體制有關。

史達林帶頭實行的共產黨政治體制我歸納為三制：**個人集權制、職務終身制、指定接班制**。這三制是要命的。有了這三制，社會主義共和國實際上就變質了，變成了社會主義君主國，說更清楚一點就是有君主國的色彩。我說，共和國與君主國的區別就在這三點：**君主國搞個人集權、職務終身、指定接班，共和國是分權制約制、權力任期制、權力選舉制**。但史達林和毛澤東搞的恰恰是有君主國色彩的專制，毛澤東搞的還超越史達林。列寧是1924年死的，史達林的個人集權到1941年才完成，這中間有十七年。史達林一開始是總書記，沒在政府兼職，到了1941年才兼人民委員會主席，即政府總理，接著又是國防委員會主席，黨政軍三大職務合一。

毛澤東呢？**毛澤東一建國就占了七個主席的位子**。現在大陸沒有哪本書哪篇文章寫明這個問題，還是我個人查很多資料才提出來的。哪七個主席？1945年中共7大後，毛澤東被選為三個主席，很多人以為毛澤東只有中委會主席的位子，但他實際上被選為中國共產黨中央委員會主席、中央政治局主席、中央書記處主席。蘇聯共產黨政治局不設主席，書記處只設總書記不設主席，所以毛澤東的集

權超過了史達林。他在中共中央就有三個主席，過兩個月又加上中央軍委主席，所以7大以後、建國以前，他已經是四個主席。建國以後，毛澤東又加了三個主席，哪三個？中央人民政府主席、中國人民革命軍事委員會主席、全國政協主席，第一屆政協他是主席。毫無疑問，毛澤東的個人集權超過了史達林。

終身制，毛澤東也超過了史達林。史達林活到73歲，毛澤東84歲。

指定接班制，毛澤東也超過史達林。史達林的接班人是馬林科夫。現在大陸還有學者不指名批評我，說蘇聯沒有指定接班制，但他不了解蘇聯的指定接班制和中國的做法不同。史達林沒有明確指定馬林科夫是他的接班人，更沒有寫進黨章，而毛澤東明確指出劉少奇或林彪是他的接班人。史達林沒有明確說出來，但他是怎麼實際上做到的？1952年第19次代表大會，由馬林科夫代替斯大林做中央工作總結報告。中央工作總結報告自1924年列寧逝世後，歷來是史達林一個人做的，他為何讓給馬林科夫做？19大史達林排列了一個新政治局的名單，大家按照他的意見選，他把馬林科夫排為第一位，那不就很明顯了嗎？

毛澤東先後指定的接班人有好幾位，一開始是劉少奇，隨後是林彪，然後是王洪文。後來看王洪文不行，又變成華國鋒。毛澤東指定接班的這些作為，遠遠超過了史達林。實際上，毛澤東的錯誤超越史達林，史達林還沒有搞我們這樣的人民公社和文化大革命。我們搞的人民公社超越了蘇聯的集體農莊，我們搞的文化大革命超越了蘇聯的大清洗。蘇聯的大清洗是針對幹部，但文革是針對社會大眾，從城市到鄉下到邊疆啊！

陳：您剛才說第一階段是對蘇聯模式的崇拜，第二階段是對毛澤東的崇拜。但您對毛主義的反省，應該說在1970年代就逐漸升高

了？

高：從文化大革命後期就感到有問題了。1976年我是大喜大悲的，大悲是1月8日周恩來過世，清晨聽到廣播我大哭一場，我夫人說從來沒見我這樣哭過。到10月6日粉碎四人幫，我是大喜啊！我在北大教書，《人民日報》的朋友10月8日就告訴我，四人幫被拘留起來審查了。當時北京大學還不知道這事情，我就悄悄告訴我在北大工作的老同學說：中國有希望了！在北大，1976年以後我講課的變化就很大了，我更敢講更多問題了，這也是我思想上重大的轉折。三中全會後，我思想很快就轉過來了，開始批判政治體制的弊病。

陳：中國的現實變化，以及對中國政治體制的不同看法，明顯影響到您的國際共運和社會主義研究。如今，您怎麼看社會主義和共產主義運動？

高：社會主義與共產主義起源於19世紀歐洲，為何會出現共產主義？就是因為資本主義工業化初期到1930、1940年代，資本主義現代化兩極分化矛盾的問題出現，貧富差距變大，這樣才有工人運動起來。就拿馬克思來說吧，他發表《共產黨宣言》時，是主張共產主義、反對社會主義的。他認為社會主義是改良的運動，是資產階級的運動，只有共產主義才是革命的工人運動。這是第一段。

到1860、1870年代則是第二段，馬克思思想有了很大轉變，他不反對社會主義了，他認為社會主義與共產主義是同義語。從第一國際到第二國際，都是這樣。根據我的考證，「科學社會主義」是馬克思、恩格斯到1873-74年才使用的詞彙，在這以前他們從來不用這個詞。在1840年代，他們認為社會主義不可能是科學的。但為什麼有這種轉變呢？很多人都不去研究、解釋這問題，這我終於搞清楚了。那就是1860年代工人運動發展第一國際的時候，工人信奉社會主義的越來越多，信共產主義的越來越少，用中國話來講，很多

工人認爲共產主義是曲高和寡，格調太高。馬克思跟恩格斯認知到了這一點，雖然並沒有放棄共產主義，但爲了爭取廣大的工人，他們就用社會主義和共產主義是同義來包容。他們更常用社會主義，更少用共產主義，因爲英、法、德、俄的工人大多都信社會主義，而不認同共產主義。這是第二段。

第三段就是1890年代，馬克思已經過世，恩格斯晚年只用社會主義而不用共產主義。這在1891年以後恩格斯的思想中，很清楚地表達出來。恩格斯晚年有些反思，他在年輕時認爲可以很快速地消滅資本主義，但晚年說這是幻想，是不可能的。所以，恩格斯晚年把共產主義放在比社會主義更高的位子上，而不是同義語了。原來認爲是同義語，但後來認爲不是同義語。最明顯的是，恩格斯在1891、1894、1895這幾年好幾封通信或文章中，都說我們現在最好不要談共產主義，共產主義是將來的事情。他說現在我們就講社會主義，而不宜宣傳共產主義。

另外，馬克思所憧憬的社會主義、共產主義，是想要由發達國家帶頭，像是英、法、德、美這四國帶頭，而不可能在中國、俄國這些落後國家獲得成功，因爲先進的社會主義、共產主義不可能出現在工業化落後的國家。但在大陸理論界，很多人卻說馬克思晚期認爲不發達國家也可以先搞社會主義；這完全是誤解，根本沒這回事。20世紀的社會主義、共產主義勝利，其標誌是1917年俄國的十月革命；但20世紀又是社會主義、共產主義的失敗，其標誌是1991年蘇聯的解體。所以，現在非常值得總結這個歷史經驗。

陳：您如何總結20世紀社會主義、共產主義運動的經驗？

高：19世紀興起的共產主義運動，到20世紀爲何會出現這樣大起大落？根本原因就在於20世紀社會主義、共產主義的發展與馬克思、恩格斯的預見相反。社會主義、共產主義不在英、法、德、美

這些先進國家取得成就，而在俄國、中國、朝鮮、越南等落後國家取得政權。落後國家因為社會矛盾尖銳，有了共產黨的堅強領導，確實可能革命成功。但建設社會主義、共產主義卻是非常艱鉅的任務，蘇聯帶頭沒搞好，中國、東歐後來照搬蘇聯模式，把社會主義給搞糟了。

所以我有文章提到，歷史發展可分為四個階段：封建主義、資本主義、社會主義、共產主義。社會主義應該繼承資本主義的文明成果，又高於資本主義。如果社會主義先在落後國家得到勝利，勝利以後應該徹底地清除封建主義不好的東西，而不能急於消滅資本主義。蘇聯模式的錯誤在於：以為把地主的土地沒收就消滅了封建主義，但封建主義的政治制度與文化制度卻根深蒂固地在社會主義的生活中沉澱下來。個人集權制、職務終身制、指定接班制、個人崇拜、一言堂、以言定罪等，這些都是封建主義的東西。在資本主義民主國家沒有以言論定罪的事情，美國共產黨可以反對美國資本主義，但不能因為這一點就審判美國共產黨。在美國以行動定罪，美國共產黨如果要以組織暴動攻打白宮，那絕對是要被逮捕的；但如果僅僅說要準備實行暴力革命，現在美國允許你這麼說，但你搞不起來暴力革命啊！

從蘇聯興起到蘇聯滅亡，我認為最根本的原因就是缺少社會主義的自由民主。史達林在經濟上犯了很多錯誤，像是提早結束新經濟政策等，但經濟上的錯誤要是黨內有自由有民主，早就可以糾正了。要是黨內有許多人提出不同意見，少數服從多數，那就糾正過來了。中國也是如此，比如說1958年大躍進、人民公社搞糟了，那1959年就可以糾正過來啊！但是黨內沒有自由、民主，什麼都按毛澤東一個人說了算。所以我覺得，現在如果要振興社會主義、共產主義，就要充分記取蘇聯和東歐的教訓，就要很徹底地發展社會主

義自由與民主。

三、政治體制改革

陳：您從什麼時候開始提政治體制改革？

高：1978年三中全會後，我1979年就開始提出政治體制改革的問題。

陳：您主張哪種社會主義民主？哪種政治體制改革？

高：我倒想先問你，為什麼有些台灣左派認為中共的政治體制挺好的，不用改了？

陳：有這種想法的人，左派右派都有，說來話長。不如就請您給他們上上課吧！

高：今天中國有多大的民主？別的不說，我們的憲法與黨章規定各省省長、省委書記由選舉產生。可現在中共的做法都違背了憲法，違背了黨章。省長都先任命為代省長，任命完了再由省人民代表大會補選為省長。有沒有民主選舉？有！可這民主選舉是事後按照任命補舉的。所以我說，大陸的社會主義民主是不足的。

我主張的政治改革是體制內的改革，我不贊成照搬西方的那種多黨平等競爭，輪流執政。我肯定中共現有的基本體制，即由共產黨領導，實行多黨合作。但現在中國的民主黨派力量太小、地位太低，我認為應該發展其力量、提高其地位。現在中國共產黨有七千多萬黨員，但八個民主黨派成員也不過七十多萬人，才不過是中共的1%。你說要互相監督，但它力量那麼小，要怎麼監督你啊？所以我說，民主黨派的力量和地位必須提高。

我也不主張照搬西方的三權分立體制。按照我們的憲法規定，全國人民代表大會是國家最高權力機關，但現在人大卻沒有最高的

權威，沒有成為最高權力機關，為什麼？就是因為有蘇聯模式的以黨代政的體制。我主張，黨應該更加尊重人民大會，應該把現在這種黨對人民代表大會自上而下的直接領導，改變成從中深入的間接領導。例如，溫家寶是中共中央政治局常委，中共中央派他去擔任政府總理。如果他獲得全國人民代表大會的信任，被通過當上國務院總理，那麼，他就代表中共中央對國務院的工作進行領導，成為第一把手。

陳：您這些設想的前提是，民主黨派不能只是花瓶，人民大會不能只是橡皮圖章。另外，還包括黨政分開的主張？

高：黨政分開一直是鄧小平改革開放以來總結歷史經驗的新思想，鄧小平曾多次提到政治體制改革的首要關鍵是黨政分開。但中共就是沒做到這點，而且黨的權力越來越大，所以我才會問為什麼台灣有些左派認為中共的政治體制挺好的。事實上，**這體制仍是蘇聯模式，黨政一體化。蘇聯滅亡，表明這種體制已經被蘇聯人民拋棄了，因為這種體制是黨替人民作主，人民自己不能當家作主。**

陳：您主張人民民主、黨內民主、黨際民主三管齊下，同時，您也對共產黨的繼續領導表示肯定，您說您不主張西方式的多黨平等競爭。所以我猜想，您大概不會同意謝韜的觀點。謝韜主張中國朝向多黨競爭制發展，他希望中共放棄黨政合一制，改採憲政民主制下的社會民主黨路線。照他的說法，「黨的領導」是要改掉的，但您顯然不同意這一點。是否有人問您：謝韜的意見固然不被中共採納，但您的看法呼籲了這麼多年，也同樣沒被採納啊？

高：謝韜是我的老朋友、好朋友，但我不同意他的觀點。謝韜的文章在《炎黃春秋》2007年第2期發表出來後，我在《南方周末》同年5月31日也針鋒相對發表了一篇文章，題目叫〈科學社會主義與民主社會主義百年分合〉。我文章的主旨是說，科學社會主義與民

主社會主義本是同義、同宗、同黨，在19世紀歐洲就是社會黨。因為第一個共產黨在1847年成立五年後就解散了，後來歐洲各國大都成立社會黨。直到1917年十月革命前後，社會黨左右兩派才分家，分為社會黨與共產黨，彼此對抗了幾十年。但在資本主義各國，共產黨的影響從1956年揭發批判史達林的錯誤之後越來越小，而社會黨的影響卻越來越大。所以現在如果要振興科學社會主義，就不該與社會黨搞分裂對抗，而應該聯合社會黨。

謝韜的文章遭到國內極左派的猛烈批判。儘管我不同意謝韜的觀點，但我覺得社會黨是我們該聯合的對象，而不該去與它對抗、去打倒它。從列寧、史達林到毛澤東長期都想打倒社會黨，但打不倒，為什麼？因為社會黨會順應世界的潮流發展。當共產黨不能滿足廣大人民的社會主義要求時，人民大眾就會把實現社會主義的希望寄託在社會黨那裡。

謝韜的方案在中國不可行。如果採納他的意見，中國共產黨就得變成中國社會黨。他說共產主義不能實現，所以共產黨要改成社會黨。放眼今日世界，社會黨有很大的力量，有一百多個社會黨，約四千多萬黨員。如果中國共產黨也改成了社會黨，全世界的共產主義運動基本就消失了。現在全世界也有一百多個共產黨，共有八千多萬近九千萬黨員，其中中國共產黨一家子就占了七千多萬。全世界資本主義國家的共產黨大概七百多萬人，社會黨總共有四千多萬人。

另外，如果中國共產黨改成中國社會黨，就必須改為**多黨平等競爭**，而不能像過去那樣由共產黨一黨牢牢掌握政權。你看，今天社會黨執政的國家，如果有部長腐敗的現象，那馬上要下台辭職，因為政黨要負責任啊！現在中國共產黨腐敗很嚴重，卻還是不下台。所以要中共改成社會黨，搞多黨平等競爭，中共絕不會接受。

　　今天需要對社會主義和共產主義有新的理解。過去認為社會主義是什麼呢？都用蘇聯的標準，在經濟上實踐公有制計畫經濟；政治上就是一黨專政；領袖就是個人集權制、職務終身制、指定接班制；文化上由黨中央嚴密控制思想，輿論一律統一，報刊出版物同一面孔。過去蘇聯式的社會主義是這樣，但今天，社會主義必須得重新反思，進行改革。

　　我現在對社會主義有新的認識，而我認為社會主義與資本主義仍有區別。我說：「**資本主義是以私人資本為基礎，由資本家階級統治的社會。社會主義是以社會化勞動為基礎，由勞動人民掌權的社會。**」資本主義與社會主義有這區別，誰為主體正是重點。所以我肯定中國現在還是社會主義的國家，它的主體仍是勞動人民，但不充分，有以黨代政的現象，這需要改革。

　　陳：您說中國現在還是社會主義國家──雖然有以黨代政的現象。這讓我想到過去有些馬克思主義者說蘇聯仍是工人國家──雖然遭到官僚扭曲。但問題在於：如果被官僚（或官僚資本主義）扭曲得太嚴重，那勞動人民只是被統治的客體，而稱不上是主體。

　　高：我認為中國現在還是社會主義國家。在這一點上，我跟清華大學秦暉教授的看法不同。他的觀點是否定中國是社會主義國家。他明確說：中國哪是社會主義國家？他說中國的經濟發展是靠低工資、低人權，跟世界文明完全脫軌，而且我們腐敗這樣嚴重，真是丟臉啊！秦暉這樣說不是沒有道理，但我覺得他沒有從總體、從更深層次來看問題。總體來看，工業化發達國家在發展早期都有低工資、低人權的現象，資本主義早期也有這種弊病，你能說那不是資本主義嗎？我總是認為，中國目前還是由共產黨領導，1949年以來中共為實現社會主義、造福人民大眾進行了艱辛探索，走過了曲折道路，1978年改革開放以來才找到了並且走上了正路。而中國

當今的社會主義改革才完成了不到一半，仍然很不全面。

　　現在的中國模式，只有不到一半的中國特色社會主義。其他大約三成還是蘇聯模式，因為政治體制、思想文化體制還是像蘇聯那樣，由一黨嚴密控制政權和思想。中國還有另外大約三成是美國模式和歐盟一些國家的模式，因為社會貧富兩極分化那麼嚴重，中國的億萬富翁比美國還多，財富不均比美國還厲害，國營企業大多居壟斷地位。中國現在1%的有錢人占有50%的國民財富，美國都還沒有這麼嚴重。所以我覺得，中國模式在改革開放三十年後，只完成了不到一半的任務。中國模式的提出就是要克服蘇聯模式的弊病，克服乾淨了，中國特色社會主義就會形成。我們已經從計畫經濟改成市場經濟，從對外封閉改成對外開放，領導人終身制也廢除了。政治體制也有改革，只是改革得還遠遠不夠。以黨代政的問題不解決，自下而上民主競選的問題不解決，人民就不能真正自己當家作主。

　　陳：您所謂的「中國模式」是指「中國特色社會主義」嗎？

　　高：簡單地說，我不同意兩種極端的觀點。一種認為沒有什麼中國模式：模式是標準的顯示，所以中國領導人現在都不用中國模式，用的是中國經驗、中國道路。另一種認為中國模式已經形成，中國模式好得很，現在很多國家都向我們學習。

　　據我考證，鄧小平1980年就提出了中國模式，他說不僅有中國革命模式，還有中國建設模式。後來為什麼我們的領導人都不講中國模式呢？因為中國模式還在形成過程中，中國社會主義路子走過來了，但模式還沒有完全形成，所以現在領導人都不用中國模式這個提法。

　　那麼，現在中國模式是什麼樣的模式？我說現在中國模式是一個混合模式，一個四不像的模式。中國模式還在形成之中，有中國

特色，有蘇聯模式，有美國模式，還有歐盟模式的成分在裡面（就是有國營經濟的東西）。中國今後的發展就應該增強中國特色社會主義，減少蘇聯模式的弊病，減少美國模式的弊病，減少歐盟模式的弊病，這樣中國特色社會主義模式才能夠全面形成。

從理論上來說，黨的文件已經把中國特色社會主義說得很圓滿，但仍有待在實踐上落實。

陳：您認為民主改革該從何處著手？

高：我認為謝韜的方案是不可行的，所以我把他的話給顛倒改變一下。他說只有民主社會主義才能救中國，我說只有社會主義民主才能救中國。把他的民主社會主義給顛倒一下，我們現在太缺乏社會主義民主了。腐敗為何治不了？因為我們的各級幹部都不是選舉產生的，而是層層任命，而層層任命就會出現賣官買官。如果按照憲法規定，省長由民選產生，省長就得對選民負責。我說，可以從底層做起，從鄉長鎮長的民主選舉開始，推出兩三名共產黨員候選人互相競選——這根本不存在別人跟共產黨爭權的問題。

我有許多很溫和的建議，像是第一步從黨內人才裡面選拔候選人，先不從黨外開始。共產黨內人才濟濟，在改革試驗時期為保證黨的領導，先從共產黨員中挑選鄉鎮一級領導的候選人。在共產黨內，除了由上級挑選，民眾也可以挑選。哪個黨員在我們的鄉、我們的鎮表現好，可以直接由選民聯名提名。但目前為止，就連我這樣溫和的建議，領導人都不採納。可喜的是現在基層很多地方已經這樣做，例如我在電視上看到，南京附近有個地方叫做大全村，選總支書記，有兩個人競選——這也符合黨章規定。所以我對現在的體制改革，還是抱有希望的。

陳：您同意中國「有憲法而無憲政」之說嗎？

高：大陸有位中國史專家說，1949年建立的政權依然是封建王

朝的改朝換代，並沒有建立起人民民主國家。他進一步把建國以後中共的先後九個領導人，按過去中國皇帝死後的諡號給他們排位子，挺有意思。他說毛澤東是高祖，劉少奇是哀帝，林彪是武宗，華國鋒是代宗，鄧小平是成祖，胡耀邦是仁宗，趙紫陽是德宗，江澤民是順宗，胡錦濤是恭宗。他希望胡錦濤之後的領導人是憲宗。這是什麼意思？就是施行憲法！他希望未來中國的領導人能夠真正地施行憲法。

他的比喻並不妥當，我認為不能把共產黨建立的政權比喻為另一個封建王朝。共產黨的確想在中國建立一個人民當家作主的國家。但中國是封建專制主義傳統非常濃厚的國家，共產黨很多領導人也的確受到皇權思想的影響，所以我們建國以來實行民主就大受阻礙。但現在改革開放了，正開始逐步發展民主。這位老先生希望胡錦濤之後的領導人是憲宗，實行憲法，我覺得這點倒是反映了廣大人民的心聲。但我們不能說中國只有憲法而沒有憲政。應該說，中國有憲法，但從建國以來憲政比較不足，憲法的很多規定並沒有做到。

憲法本身也有不合理的地方，是應該改變的。比如從1954年憲法起，規定我們有個國家主席，但這跟人民民主體制是不符的。我們的人民民主體制規定全國人民代表大會是國家最高機關。既然人民代表大會是最高權力機關，又怎能在人民代表大會之外、之上，再設立一個國家主席、國家元首？早在1954年我就提出這意見，我說這不符合我們國家的體制。按我們國家的體制，全國人民代表大會是國家最高權力機關，人民代表大會的最高首腦就是國家主席，這就權力一元化了。

陳：您這概念似乎接近英國的議會主權制？

高：不是這樣，因為英國的議會僅僅是立法機關，同時英國還

有一個女王是國家元首，英國的首相不是國家元首。我們的全國人民代表大會本應是最高國家權力機關，但1954年憲法另設國家主席，使之凌駕於人民代表大會之上。毛澤東不是全國人民代表大會常委會委員長，卻是國家主席。因此，這憲法在國家權力結構方面就有不合理的地方。憲法的規定本身也沒完全做到，像是剛才提到的經民主選舉產生各省省長等。

陳：您說社會主義民主應以勞動人民作為主體。您怎麼看毛時代的平等主義訴求，以及當前官僚資本主義下的不平等？

高：我讀了貴刊對北大錢理群教授的訪談。甘陽說毛澤東時代是平等主義，錢理群認為這個看法有很多片面性。我認為毛澤東時代的確有些平等的東西，主要是在基層較為平等，但上層是特權主義，越上級的幹部特權越多。毛澤東的個人特權就更多了，全國各地為毛澤東修建了幾十處別墅。但話說回來，毛澤東發動文化大革命，為什麼得到那麼多人的支持？因為他反對高幹特權（當時人民並不知道毛自己有更多特權）。改革開放三十年，高幹特權的問題不但沒有解決，反而比原來更嚴重。像是副部級幹部可以享受正部級待遇，這現象在文化大革命以前是沒有的。

工人革命有很多好的傳統，我們都沒有吸收。2011年是巴黎公社革命140周年，巴黎公社對政府官員有兩條規定，真正體現了工人國家的特色。第一條，主要官員由民主選舉產生，這我們沒做到。為什麼我們過了140年都還做不到？第二條，主要官員的工資待遇跟熟練工人相等，差別不超過五倍。今天就算不照搬巴黎公社的五倍規定，但八倍、十倍總可以吧？蘇聯為什麼垮了？蘇聯最低工資跟最高工資的差別在史達林後期有五十多倍，後來到勃烈日涅夫時期更擴大到一百多倍，人民群眾對這種高薪特權非常不滿。

陳：晚近「重慶模式」引發熱議，您怎麼看中國的發展趨勢？

高：我對中國未來既不悲觀也不過分樂觀，我持達觀的態度。我認為，世界不斷發展變化、科技革命迅猛發展、日新月異，民主自由的潮流也滾滾而來。中國作為社會主義大國，在這樣一個世界潮流的背景下，科技也會迅猛發展。而我相信，中國的民主自由也會逐步得到發展。但民主要健康地發展，一定要有科學的指導。沒有科學作為指導的民主，是盲動的民主。晚近好像有不少人支持薄熙來，我覺得這多少就有盲目的成分，為什麼？因為他們只看到薄熙來打黑的一面，但沒看到薄熙來用哪種方式打黑。有人說薄熙來以黑打黑，這是說得過分了。但真正要打黑，除了發動、提高群眾的覺悟，另外還要有健全的自由民主法治的體制，該選舉的幹部應該選舉產生，該任命的幹部也該群眾推薦、徵求民意。薄熙來在重慶是否做到了這些，我不太了解；但我從報刊報導來看，重慶政治體制的健全並沒有很大的突破。

還有剛才講的，共產黨的政治體制應該要黨政分開。薄熙來是沿著黨政分開的路走？還是黨政一體化的路走？他只是黨委書記，不是市長。他這樣做，重慶市長的權力得到尊重了嗎？如果黨政分開，政府的問題應該由市長來處理，怎麼是由書記來處理？

四、「國中有國」的兩岸設想

陳：1995年您訪問台灣，後來提出「國中有國」的統一模式。可否談談您的兩岸思考？

高：2000年11月6日在《聯合報》上，台灣著名學者丘宏達發表了一篇〈國中有國兩岸統一新模式〉，他完全贊同我的「國中有國」方案。2000年我在紐約見到他，當時我用化名寫了一篇文章，他一開始不知道是我寫的，後來在紐約開會見面時他大吃一驚說：我是

專攻國際法的學者，卻沒有你想得那麼深刻、周到。他在《聯合報》文章中對我的唯一補充是：台灣中華民國駐外的外交代表，今後可稱副大使，而我本來主張稱公使。其實在外交上，副大使與公使是一樣的。公使即駐外大使館副館長，也就是副大使之意。用什麼名稱為好，兩岸也可以協商解決。

我的文章在台灣也得到一些迴響，有台灣學者跟我說，2000年12月台灣立法院法制局的輿情資料提到了我的方案，而且覺得可行。我念一段：「一直以來各界所提的統一模式，最不易處理的問題是對兩岸主權歸屬及對外代表權力的安排。」「國中有國的模式在顧及兩岸現實的狀態下，對這兩方面做出上述可行的安排，此乃兩岸各界值得重視的建議。雖其主張並未對兩岸統一前的狀態做出過渡性安排，然吾人可在其基礎上再做更進一步全面之探討。」

現在台灣人民不管主張什麼，統啊、獨啊，絕大多數人最希望的是兩點。第一是島內經濟可以發展，人民生活能夠更好。第二，對外能擴大國際空間，能加入聯合國，能得到普遍的國家承認。這兩點應該是台灣人最普遍、最廣大的需求，而只有我的「國中有國」方案能滿足這兩個要求。經濟方面不用說，現在ECFA簽訂對台灣一定有幫助。另外，國中有國的方案可以讓台灣的國際空間大大擴張。所有跟中華人民共和國有邦交的國家，中華民國都可以設一個外交機構，叫台灣中華民國分館或辦事處都可以。加入聯合國也可以實現，由大陸中華人民共和國向聯合國提出，讓中華人民共和國一部分的中華民國加入聯合國。歷史已有先例，烏克蘭、白俄羅斯曾經在聯合國都有席次。

陳：您談的主要是統一模式的問題。但島內之所以對統一有所疑慮，似乎主要是出於政治上的不信任。

高：這些問題的關鍵在大陸領導人。像我的國中有國方案，只

能由大陸領導人向台灣提出來，台灣不可能提這方案。台灣人一提這方案就會被人說是賣台，說你甘居於一個小國，甘居於人下。台灣領導人不要說民進黨，連馬英九都不敢提出來。而大陸領導人目前並不急於統一，維持現狀也OK。但如果兩岸真要邁向和平統一，別說五十年後，就說十年之後好了，大陸要用什麼方案贏得台灣民心？首先得了解台灣多數人在想什麼，而多數人所想的無非就是兩個：一個是經濟發展得更快，生活過得更好；另一個是國際空間更大，不想在國際上總覺得自己是二等國民。

　　如果大陸領導人有政治眼光，就應該滿足台灣人這兩個願望。讓台灣中華民國加入聯合國，也不要求你在聯合國投的票跟大陸一樣，讓你小國可以自己作主。但有一條原則要跟台灣達成協議：你既然是我大國當中的一個小國，你各種活動我不干涉你，但你也不能干涉我，你不能用台灣的理念來改變大陸的經濟政治制度。這條做到，我們才是一個國，不然兩者對立，哪是一個國啊？你想推翻我，我想推翻你，這樣大國跟小國怎麼和諧共處？所以大國小國在這點上得一致，然後，大陸取得政治形式上的國家統一，台灣取得相對獨立的自主權力，內政、外交、選總統皆不受大陸干預。這跟香港澳門不一樣。

　　陳：軍事怎麼辦？

　　高：軍事可以保留，但主要是為了自衛。台灣中華民國作為獨立的小國，可擁有外交權和國防權，這點鄧小平都說了。我們不用武力解決問題，你們也可保留一定範圍與規定的軍事。所以我說這不是聯邦，這比歷史上的奧匈帝國還強。在奧匈帝國，匈牙利王國是沒有外交權和軍事權的，所以沒有外交部和國防部。但台灣未來有外交部和國防部，總統可以照常選，只是你得承諾不搞台獨和互不干預——就這兩條就行。民進黨要搞什麼都可以，但要脫離中國

就不行。

　　蔡英文說中華民國是流亡政府，這完全不對。什麼叫做流亡政府？本國政府流亡到異國他鄉去才叫流亡政府。第二次世界大戰時，法國戴高樂流亡到倫敦，倫敦的法國政府是流亡政府，因為法蘭西被希特勒給占領了。台灣是中國本土啊，1945年以後台灣已經收回，由中華民國管治啊！中華民國敗退到台灣去，怎麼能夠說國民政府流亡到台灣去呢？台灣已經是中國領土的一部分。台灣的問題是中國內戰遺留下來的問題，這個說法才對。

　　現在看來，就我的方案最理想，但台灣不可能主動提出來。這需要中國有像毛澤東、鄧小平那樣的大戰略家，才能清楚認識到兩岸「國中有國」是雙方互利雙贏的最好又最便捷的一個方案。至於實現國中有國方案之後，兩岸之間可以成立一個協商委員會，就經濟、司法、文化、教育等方面的問題平等協商，達成協議，一時達不成協議的可以暫時擱置。

　　陳：國中有國是指ROC是PRC的一部分，還是指ROC和PRC共存於某個中國大屋頂之下？

　　高：不是屋頂理論。中華民國就是中華人民共和國的一部分。1995-96年我到台灣訪問，台灣很多有識之士都贊成我的意見。我說台灣那麼小，大陸那麼大，說台灣是中國的一部分很合理，總不能說大陸是台灣的一部分吧？

　　陳：1971年在聯合國，PRC贏得了中國代表權。原來中國的席位是由ROC代表，1971年後改由PRC代表。如果說ROC不是PRC的一部分，而是ROC跟PRC以某種方式「共享」中國的代表權，但兩者都在「整個中國」的框架之內或屋頂之下——這種「兩岸同屬整個中國」的準邦聯模式，您能夠接受嗎？

　　高：那可不行。1971年以後，聯合國的中國席位就不是ROC而

是PRC了。所以我主張中華人民共和國向聯合國提出來，說中華民國是中華人民共和國的一部分，讓中華民國在聯合國有個席位，那台灣就是聯合國的成員了。但這不是兩個中國，是一個中國。像是烏克蘭跟蘇聯的關係，當年烏克蘭是蘇聯的一部分，但在聯合國有個席位。這樣台灣的國際空間不就很大了？外交權也一樣，只是不再設立中華民國大使館，而是在中華人民共和國大使館內或外設立一個中華民國分館。這樣再過幾十年，兩岸要不要更緊密的統一，就留給子孫後代去解決。我們這一代能做的，就是兩岸中華民族的統一與振興。這對台灣經濟文化的發展很有利，避免了兩岸對立，也可以避免美國和日本的干預。

聯經文庫

中國關鍵七問：憂思者的訪談

2013年6月初版　　　　　　　　　　　　　　　　定價：新臺幣290元
有著作權・翻印必究
Printed in Taiwan.

著　　　者	陳	宜	中
發 行 人	林	載	爵

出　版　者	聯經出版事業股份有限公司
地　　　址	台北市基隆路一段180號4樓
編輯部地址	台北市基隆路一段180號4樓
叢書主編電話	(02)87876242轉212
台北聯經書房	台北市新生南路三段94號
電　　　話	(02)23620308
台中分公司	台中市健行路321號1樓
暨門市電話	(04)22371234ext.5
郵政劃撥帳戶第0100559-3號	
郵撥電話	(02)23620308
印　刷　者	世和印製企業有限公司
總　經　銷	聯合發行股份有限公司
發　行　所	新北市新店區寶橋路235巷6弄6號2樓
電　　　話	(02)29178022

叢書主編	沙　淑　芬
封面設計	沈　佳　德

行政院新聞局出版事業登記證局版臺業字第0130號

本書如有缺頁，破損，倒裝請寄回台北聯經書房更換。　ISBN　978-957-08-4191-6 (平裝)
聯經網址：www.linkingbooks.com.tw
電子信箱：linking@udngroup.com

國家圖書館出版品預行編目資料

中國關鍵七問：憂思者的訪談/陳宜中著.
初版 . 臺北市 . 聯經 . 2013年6月（民102年）. 248面 .
14.8×21公分（聯經文庫）
ISBN　978-957-08-4191-6（平裝）

1.中國研究　2.中國政治思想　3.訪談

574.1　　　　　　　　　　　　　　　　　102009867